UNA TRAVESÍA DE FE

POR EL DESIERTO

Un viaje transformador de la desesperanza
a la restauración

OMAYRA MÉNDEZ PÉREZ

DEDICATORIA

Dedico este libro a mi esposo Antonio, y a mis hijos Adriel y Omar, por estar a mi lado apoyándome en todos mis proyectos, inventos y locuras.

Gracias por tanto amor...

Doy gracias a Dios por sus vidas, porque ustedes son parte de los tesoros hermosos que me ha regalado el Padre Celestial. Es mi anhelo que este libro pueda bendecir sus vidas de una manera especial e inolvidable.

Nunca olviden que los amo con todas las fuerzas de mi corazón y le pido al Padre, que podamos seguir juntos hasta la eternidad.

Que Dios les bendiga grandemente...

AGRADECIMIENTO

A ti Señor, quiero darte las gracias por ser mi mayor inspiración y mi mejor ejemplo a seguir. Sin ti no hubiera logrado escribir ninguna frase de este libro.

Gracias por todas las veces que he estado en el desierto a punto de morir y me has rescatado para llevarme a una tierra fértil donde he podido reverdecer en ti.

Gracias por fijar tus ojos en mí sin que lo merezca. Gracias por haberme llamado a ser un instrumento en tus manos, por amarme tal como soy y por hablar a mi vida en todo momento. Gracias Señor por estar siempre cerca de mí.

Te amo Jesús...

"Te haré entender, y te enseñaré el camino en que debes andar; Sobre ti fijaré mis ojos."

Salmos 32:8 (RVR1960)

PRÓLOGO

En medio de los desiertos de la vida, donde la arena abrasadora y el sol implacable parecen ser la única realidad, nos embarcamos en un viaje de fe y transformación. En estas páginas, la autora nos invita a explorar los desafíos y procesos difíciles que enfrentamos, con la certeza de que la mano de Dios está sobre nosotros.

¿Qué es un desierto? Un lugar inhóspito, carente de vida y sustento; en sus vastas extensiones no hay alimentos ni agua que sacien el hambre y la sed. Es un entorno desolado donde el refugio es escaso y el calor asfixiante. Pero, así como el desierto es un lugar hostil, los procesos más difíciles de la vida también pueden sumergirnos en un sufrimiento profundo y causar heridas al alma.

La pérdida de un ser querido, las enfermedades, el rechazo, las emociones desordenadas y el dolor de un divorcio, son solo algunos ejemplos de esos procesos que nos arrastran a desiertos secos y calurosos. En esos momentos la soledad y la debilidad nos envuelven, llevándonos incluso a pensar que nuestra existencia está en peligro.

Sin embargo, mientras avancemos en la lectura de estas páginas, descubriremos que Dios nos permite transitar por los

desiertos para moldearnos a Su imagen y enseñarnos a vivir en obediencia. Dios no pretende que nos quedemos estancados en el desierto ni perezcamos en ese lugar árido, a través de estas pruebas busca nuestro crecimiento espiritual y concentración en el cumplimiento de Sus propósitos en nuestras vidas.

En este recorrido personal por sus propios desiertos, la autora nos comparte cómo Dios la rescató de la tristeza, la culpa, la soledad y la inferioridad, llevándola hacia una tierra fértil donde ha podido florecer y dar frutos. En el desierto Dios fortaleció su espíritu, formó su carácter y la moldeó según sus mandatos, hablando a su vida de una manera especial. Allí experimentó la liberación, la sanidad de las heridas de su alma y la curación de sus enfermedades. El desierto le mostró el camino hacia la compañía de Dios, y a través de ese proceso, fue transformada en lo que es hoy.

Hablar de los valles hermosos de la naturaleza es sumamente fácil, poder describir los ríos, las playas y las montañas es un placer y una forma de hablar de las grandezas del Señor, pero cuán difícil es explicar, hablar y expresar las enseñanzas de los desiertos.

En esos momentos tan difíciles que la escritora pasó, nos enseña que los desiertos no son para matarte sino para enseñarte

que una cosa es cuando se entra al desierto y otra muy diferente cuando se sale.

En la travesía de este testimonio aprenderás a ser fuerte y a entender que la formación más importante en el ser humano no son los momentos de vida y disfrute de los valles, sino el cuero duro que te proporcionan los desiertos.

Como evangelista, conferencista y fundadora del Ministerio Familiar "Eres Perla Preciosa", es un gran honor poder expresar mis más sinceros respetos a una mujer que me llegó a lo más profundo del corazón cuando la conocí; su forma de ser tan dulce y atenta me hicieron tenerle una gran admiración.

No te pierdas ni un solo segundo de cada enseñanza que obtendrás en la lectura de este libro. Disfruta cada parte con mucha atención, porque sé que tu vida no será la misma. Este libro está designado a ser una bendición para tu vida.

Si te encuentras en medio de un desierto, debes saber que no estás destinado a morir, sino a levantarte en fe y compartir los milagros de Dios con todos. Dios es bueno, maravilloso y misericordioso. No desea que vivas en el desierto para siempre. ¡Aleluya!

Evangelista Yolanda Pérez González

Ministerio "Eres Perla Preciosa"

ÍNDICE

INTRODUCCIÓN

Querido lector:

Deseo darte la bienvenida a esta travesía por los desiertos que he tenido y logrado pasar. Te aseguro que en este recorrido serás bendecido, así como lo he sido yo por parte de Dios. Sé que muchos se preguntarán qué es un desierto; simplemente un lugar arenoso o lleno de piedras que carece de vegetación, es muy caluroso y donde no cae la lluvia frecuentemente. En un desierto no se pueden encontrar alimentos ni agua y mucho menos un sitio para refugiarse.

Hay procesos en la vida difíciles de enfrentar que son como desiertos; pueden causar un dolor intenso y unas heridas profundas en el alma. La pérdida de un ser querido, las enfermedades, el rechazo, las emociones desordenadas y el divorcio, son algunos de estas circunstancias que nos llevan a vivir un desierto seco y caluroso. Inclusive, hay personas que viven en estos procesos (desiertos) y se sienten solas, débiles, hasta el punto de pensar que van a morir.

Mientras lees este libro te darás cuenta de que Dios permite en ocasiones que vivamos en el desierto para formarnos

a Su imagen y para que aprendamos a vivir en obediencia a Él. Dios no quiere que nos quedemos en el desierto para siempre y mucho menos que muramos en ese lugar. A través del desierto, Él quiere enseñarnos a vivir bajo Su voluntad y Sus mandatos, provocar un crecimiento espiritual y enfocarnos a ver el cumplimiento de Sus propósitos en nuestras vidas.

En este recorrido por mis desiertos podrás conocer cómo Dios me sacó de la tristeza, la culpa, la soledad y la inferioridad, para llevarme a una tierra fértil donde he podido reverdecer y dar frutos. Te puedo anticipar que en el desierto Dios me fortaleció, formó mi carácter, me estructuró bajo sus mandatos y habló a mi vida de una manera especial. En el desierto Dios sanó mis heridas del alma, me libró de mis enfermedades, me levantó de la soledad y me procesó para poderme formar en lo que soy hoy día.

Soy la Hija de Dios...

Gracias a las veces que he estado en el desierto hoy puedo declarar con mi boca lo dicho en el Salmo 118:17 (DHH):

¡No moriré, sino que he de vivir para contar lo que el Señor ha hecho!

¡Gloria a Dios!

Anhelo de todo corazón que este libro sea de bendición para tu vida. No olvides que si te encuentras ahora en el desierto no morirás, sino que te levantarás en fe y contarás los milagros de Dios. Él es bueno, maravilloso, misericordioso y no desea que vivas en el desierto para siempre. Te invito a que antes de comenzar este recorrido, me acompañes en una oración para pedir a Dios te dirija en esta travesía.

"Señor, en este momento te presento al lector que tiene en sus manos este libro. Te pido que seas TÚ quien le imparta sabiduría y entendimiento para comprender lo que quieres hablarle a través de mi escrito. Te pido que cada día pueda aferrarse a ti con la confianza y la seguridad de que no está solo y que no estará en el desierto por mucho tiempo. Confío Señor que lo sacarás de sus desiertos, así como lo hiciste conmigo y lo llevarás a tierra fértil y fresca donde podrá reverdecer y ser de testimonio a otros de Tu obrar. Gracias por su vida y por todo lo que harás en él. Lo entrego en tus manos y lo bendigo en tu nombre". ¡Amén!

¡Oficialmente te doy la bienvenida a este recorrido por mis desiertos! Dios será tu guía y te acompañará en todo momento

hasta el final. Te aseguro que cuando termines la travesía llegarás a una tierra fértil para ser renovado en el Señor. *¡Aleluya!*

CAPÍTULO I

He llegado a un desierto

El desierto

"Pero he aquí que yo la atraeré y la llevaré al desierto, y hablaré a su corazón."

Oseas 2:14 (RVR1960)

El desierto es un lugar vacío, solitario y silencioso. Es un sitio donde la sed es insaciable, la debilidad predomina y la desesperanza arropa; al parecer no es un lugar agradable y sobrevivir allí es un milagro. Sin embargo, el desierto es donde Dios da forma a lo mejor que hay en nosotros para calmar esa sed insaciable que nos impulsa a clamar a Dios y nos acerca más a Él.

No puede ser casualidad que la palabra "desierto" sea tan mencionada en la Biblia. El desierto fue el lugar donde el pueblo de Israel vivió por cuarenta años y tuvo que aprender a escuchar y depender de Dios por completo. Cada vez que escucho este relato de la Biblia me maravillo y puedo ver el obrar de Dios dándole al pueblo pan del cielo cada mañana y agua que brotaba de una roca para calmar su sed.

Esta historia me hace pensar que Dios vio el desierto como un lugar idóneo para formar nuestro carácter y moldearnos a Sus mandatos y Su voluntad, donde el silencio predomina para que se pueda escuchar con claridad Su dulce voz. Dios no creó el desierto por las condiciones de vida que se dan, ni para matarnos de sed, al contrario, lo hizo para saciarnos de forma milagrosa y que nunca jamás la volvamos a sentir.

El desierto no te va a matar, te va a ayudar y te va a guiar para que puedas llegar a tu verdadero propósito en el Señor.

Nunca le preguntes por qué permite que estés en el desierto, mejor pregúntale cuál es el propósito que tiene para ti. Te invito alabar y adorar a Dios en medio de tu desierto, a darle las gracias por esa situación terrible y desesperante que te ha llevado allí.

Deja obrar a Dios en tu vida desde ese desierto que estás viviendo. Muchas veces no entendemos por qué llegan situaciones tan difíciles a nuestras vidas, pero confía que Dios está en control de todo y algo extraordinario sacarás de esas vivencias. Luego de esta formación en el desierto serás esa persona creada por Dios con un propósito y como Él siempre ha anhelado que seas. *¡Gloria a Dios!*

"Pero he aquí que yo la atraeré y la llevaré al desierto, y hablaré a su corazón."

Oseas 2:14 (RVR1960)

Mi Historia

Mi nombre es Omayra Méndez, soy de Puerto Rico. Nací el 12 de diciembre de 1975 en el pueblo de Mayagüez. Mi mamá se llama Mercedes Pérez y cariñosamente le dicen "Mercy", mi papá se llama Osvaldo Méndez, pero todos lo conocen como "Valdo" y mi hermano mayor se llama igual a mi papá y le dicen

"Valdito". Quiero presentártelos porque son personajes importantes en la historia que te voy a contar.

En una entrevista que le hice a mi mamá sobre mi nacimiento y primeros meses de vida, me contó que nací prematuramente, a los siete meses, porque mi hermano mayor en uno de sus juegos traviesos le lanzó un camión de juguete grande y pesado sobre su estómago.

El golpe fue tan fuerte que mi mamá tuvo que ser llevada al hospital de emergencia, y por causa de ese accidente llegué al mundo antes de tiempo. Por varias semanas tuve que permanecer en incubadora pues mis pulmones no estaban del todo desarrollados. Esta llegada al mundo de forma prematura era el comienzo de un camino difícil, pero también lleno de fuerza y resiliencia. Así comenzó mi llegada al desierto.

Después de pasar casi un mes en el hospital, finalmente me dieron de alta y pude regresar a casa con mis padres y mi hermano. Parecía que todo iba bien, pero durante una visita de seguimiento al pediatra, descubrieron algo preocupante, mi mollera, el espacio abierto entre los huesos del cráneo en los bebés, se había cerrado prematuramente lo que causó que se formara un sobrehueso en mi cabeza y no creciera de forma

correcta. Como esta situación se tornó preocupante me remitieron a un neurocirujano pediátrico para evaluar mi caso.

Mi mamá me cuenta que después de descubrir el problema, los médicos decidieron realizar varios estudios nucleares para obtener más información y se percataron de unas fisuras en la parte frontal y posterior de mi cabeza, causantes de que se estuviera desarrollando de manera anormal hacia adelante.

El neurocirujano pediátrico determinó la necesidad de llevar a cabo un seguimiento más detallado, por lo tanto, me programaron visitas de observación cada dos semanas para medir el crecimiento de mi cabeza. Durante varios meses acudimos regularmente a esas citas con el especialista, pero desafortunadamente no se observaron cambios significativos en la forma como mi cabeza seguía creciendo. Ante la situación el neurocirujano pediátrico presentó a mis padres una alternativa para corregir esta anormalidad: una cirugía.

El plan consistía en insertar una pieza de metal en el área de la mollera para estimular el crecimiento y corregir la deformidad. Aunque era una decisión difícil mis padres confiaron en el criterio médico y aceptaron someterme a la cirugía con la

esperanza de mejorar mi condición. Pero algo sobrenatural sucedió en medio de aquel desierto.

Mi abuela, "Mamá Julia" como cariñosamente le llamaba, tenía una fe inquebrantable, creía firmemente que para Dios no había nada imposible y se aferró a esa convicción. Ella comenzó a interceder fervientemente en oración delante de Dios, buscando el milagro de mi sanidad. Además, convocó círculos de oración por toda la isla, reuniendo a personas dispuestas a unirse a su clamor para que Dios obrara en mi salud.

¿Sabes qué sucedió? Dios respondió al clamor de fe de Mamá Julia y de quienes se unieron a ella en oración. Cuando fuimos a la última cita con el especialista para coordinar los detalles de la cirugía, mis padres fueron sorprendidos gratamente. En esa cita él descubrió que mi cabeza había comenzado a crecer de manera normal y que no era necesaria la intervención quirúrgica. El médico asombrado reconoció que solo un milagro pudo haber cambiado el curso de mi vida.

Ese milagro, poderoso y transformador, fue obra de Dios. Hoy, a mis cuarenta y siete años, puedo dar testimonio al mundo de las maravillas de Dios y Su obrar en mi vida. No morí en aquel desierto, sino que sobreviví para contar a todos cómo Su poder se manifestó de una manera asombrosa aun a mis pocos meses de nacida. *¡Gloria a Dios!*

Cuando nos encontramos en el desierto pensamos que estaremos allí para siempre, pero nuestro Dios nos guía con un propósito eterno. Hoy, puedo dar testimonio al mundo de las maravillas de Dios y de cómo ha moldeado mi vida según Su voluntad. Mi historia es un recordatorio inspirador de que incluso en los momentos más oscuros del desierto, la esperanza y la fe nos guían hacia una transformación milagrosa.

Un momento para reflexionar

Toma un tiempo para compartir con tu mamá y entrevístala para que te cuente con lujo de detalles cómo fue ese momento especial del día de tu nacimiento. Escribe cómo te sentiste al escucharla hablar de ese día tan importante.

"Tú creaste mis entrañas;

me formaste en el vientre de mi madre.

¡Te alabo porque soy una creación admirable!

¡Tus obras son maravillosas,

y esto lo sé muy bien!"

Salmos 139:13-14 (NVI)

CAPÍTULO II

El desierto del divorcio

Soy valiosa para Dios

"Mujer virtuosa, ¿quién la hallará? Porque su estima sobrepasa largamente a la de las piedras preciosas."

Proverbios 31:10 (RVR1960)

Hoy día vivimos en un tiempo de mucha violencia en los hogares, las familias, los matrimonios, entre vecinos, conocidos y hasta en el área laboral. Defino la violencia como la falta de Dios en el corazón. En ocasiones pensamos que las personas violentas son fuertes y con autoridad sobre los demás, pero en realidad son débiles, inseguras, con heridas en el alma, llenas de miedos y confusiones.

La Biblia dice que Dios nos hizo a Su imagen y semejanza, una obra maestra, fuimos creados con un propósito en Cristo y somos muy importantes para Él.

"Porque somos hechura suya, creados en Cristo Jesús para buenas obras, las cuales Dios preparó de antemano para que anduviésemos en ellas."

Efesios 2:10 (RVR1960)

Fuimos hechos por el Creador para hacer buenas obras y no para sufrir, ni para pensar de forma incorrecta de nosotros mismos, ni mucho menos para recibir maltrato. Nuestra verdadera identidad es ser hijas e hijos de Dios, del Creador del Universo, somos las hijas e hijos del Rey de reyes y Señor de señores. Eso es algo grande....

Hay personas que no se valoran como debe ser por causa de las diferentes experiencias difíciles vividas como el maltrato, el abandono y el rechazo. He vivido algunas de estas experiencias difíciles y dolorosas las cuales me motivaron a preguntarle al Señor:

¿Por qué tengo que pasar por esto?

¿Por qué lo permitiste?

Dios en Su inmenso amor y en Su misericordia respondió a mis preguntas de la siguiente forma: *"Porque las pruebas duras y difíciles de la vida te forman como una mujer valiosa y fuerte para Mí"*. Esta respuesta me hizo entender, soy la mujer virtuosa que describe la Biblia en Proverbios 31. Le doy gracias a Dios por amarme tanto tal y como soy.

Cuando te valoras en el Señor, comprendes que fuiste creado a Su imagen y semejanza, con habilidades y dones únicos dados para impactar el mundo a tu alrededor. Reconoce que eres amado(a) con un amor eterno y tienes un propósito divino para cumplir en esta vida.

Valorarte en el Señor implica entender tu valor, no eres menos que nadie y no necesitas compararte con los demás para encontrarlo. Eres valioso(a) simplemente porque eres hijo(a) de

Dios, redimido(a) por la sangre de Jesucristo y lleno(a) del Espíritu Santo.

Cuando te valoras en el Señor, no permites que las críticas y las opiniones negativas te definan, te aferras a la verdad de la Palabra de Dios, eres una obra maravillosa, creada para hacer buenas obras preparadas de antemano para ti.

También te valoras en el Señor cuando puedes reconocer tus errores y debilidades, pero no permitir que te definan. Te das cuenta de la abundante gracia y el perdón de Dios, Él te fortalece en tus áreas de debilidad y puedes levantarte cada vez que caes, confiando en el poder transformador de Dios en tu vida.

La aprobación de los demás no es necesaria para sentirte completo(a) cuando te valoras en el Señor, quien te da una perspectiva eterna. Encuentras satisfacción en la comunión con Dios y en el propósito que te ha dado, te concentras en vivir una vida que honre y glorifique a tu Creador sin importar la opinión de otros. Sabes que tu verdadero hogar está en el cielo y que eres parte de la familia de Dios, eres coheredero(a) con Cristo y tienes un destino glorioso preparado para ti.

Hoy te animo a valorarte en el Señor. Reconoce tu identidad en Él y camina en la plenitud de quién eres en Cristo. No permitas que las dudas, los miedos o las opiniones negativas te

alejen de tu verdadero propósito. Eres amado(a), eres valioso(a) y tienes un lugar especial en el corazón de Dios. *¡Ámate y valórate en el Señor!*

Mi Historia

Esta historia comienza cuando desde niña soñaba con casarme con un príncipe azul, como nos decían en los cuentos, para poder formar un hermoso hogar y tener hijos. A la edad de veinte años decidí hacer este sueño realidad y en 1996 me casé enamorada y muy contenta porque estaba dando un paso importante en mi vida.

Sin embargo, al pasar de los días, entendí que había tomado una decisión incorrecta y me había equivocado. Ese esposo, quien yo pensaba que era mi príncipe azul, comenzó a maltratarme desde el día de la boda y me hizo saber que debía seguir sus directrices: no podía recibir visitas de mis padres, familiares ni amistades; todo dinero que me ganara trabajando tenía que depositarlo en su cuenta de banco para disponer de él; y debía pedirle permiso para todo lo que quisiera hacer.

Este esposo, ese mismo día me indicó que no podía salir con nadie, solo con él. En ese momento mi sueño de niña se

convirtió en pesadilla, en una novela de horror. ¡Deseaba tanto poder dar marcha atrás al tiempo y decir en aquel altar delante de todos que no aceptaba casarme con él!

Los días fueron pasando y mi corazón se llenaba de tristeza, extrañaba a mi familia, pero, sobre todo, anhelaba mi libertad. Cuando llegaban los festivos como los días de madre o de padre, tenía que por obligación visitar a su familia primero y si sobraba algo de tiempo, podía visitar a la mía.

La falta de libertad me llevó a actuar de forma secreta delante de mi esposo. Visitaba a mi familia a escondidas y los llamaba por teléfono cuando se iba a bañar o estaba fuera de la casa. Compraba mi ropa y le decía que era regalada o estaba en liquidación, ya que no me permitía gastar el dinero ganado trabajando. Me había convertido en una esposa falsa, llena de mentiras y sin identidad propia. Ni siquiera podía elegir qué película podíamos ver en el cine cuando salíamos a dar un paseo.

A los tres meses de casados comenzó a decirme palabras muy hirientes, vulgares y de rechazo cuando estaba en desacuerdo conmigo; nadie me ha dicho en toda mi vida tantas ofensas como lo hizo él. Llegó un momento en que ya no eran solo palabras, también intentó agredirme físicamente, por lo cual tenía

que defenderme con lo que estuviera a mi alcance para evitar que me golpeara.

Nunca olvidaré la primera vez que intentó golpearme y en defensa propia le clavé las uñas en la espalda hasta que me soltó. Luego, tomé un cuadro grande que estaba colgado en la pared de la sala donde había una foto de nuestra boda, y lo arrojé al suelo, tomé uno de los bordes rotos y me preparé para defenderme si trataba de atacarme.

Le doy gracias a Dios por darme las fuerzas para defenderme y que él nunca logró maltratarme físicamente. Pero cuando entendió que no podía hacerlo, porque no se lo permitiría, comenzó a agredirse a sí mismo; se golpeaba con sus puños y al verlo mi corazón se hacía pedazos.

Te confieso que en el fondo de mi corazón le agradecía a Dios que se agrediera a él mismo y no a mí. Fue una temporada de un inmenso desierto, donde la tristeza, la falta de libertad y la desesperanza comenzaron a secarme por dentro, y el calor por el intenso sol que me azotaba apagaba mis días.

En medio del cansancio, temores, frustraciones y desesperanza decidí activar mi fe. Para ese tiempo no asistía con frecuencia a la iglesia porque este esposo no me lo permitía, pero

mi amor por Dios estaba siempre latente en mi corazón, sabía que mi única esperanza era Él.

Así que me acerqué al Señor en medio de ese desierto para buscar consuelo y respuestas a mis dudas. Ese día le pregunté: "¿Por qué tengo que pasar por estas experiencias difíciles y dolorosas? ¿Por qué lo permites?". Él me respondió con rapidez y mucho amor: "Porque las pruebas duras y difíciles de la vida te forman como una mujer valiosa y fuerte para Mí".

La respuesta del Señor me hizo comprender lo siguiente:

- ❖ Soy importante y de valor para Él.
- ❖ No me creó para ser herida ni maltratada, sino amada.

Esa respuesta infundió en mí la fuerza y la valentía necesarias para ponerle fin a ese matrimonio, me motivó a seguir adelante caminando en fe de la mano de Dios sin importar las circunstancias que debía enfrentar, me enseñó a confiar en Él en medio de los desiertos y a comprender que soy una mujer virtuosa, amada por Dios.

Este desierto me enseñó el poder del perdón hacia quienes me han herido y maltratado, por lo tanto, perdoné de corazón a ese esposo que no supo valorarme como merecía y aprendí que en el perdón se encuentra la libertad. Al tomar la

decisión de divorciarme, lo entregué al Señor y desde ese momento comencé a sentir una paz sobrenatural.

Han pasado veinticuatro años desde aquel divorcio y nunca más lo he vuelto a ver. Si llegara a encontrármelo estoy segura que podría decirle con sinceridad y sin resentimiento en mi corazón: "Dios te bendiga".

"Quítense de vosotros toda amargura, enojo, ira, gritería y maledicencia, y toda malicia. Antes sed benignos unos con otros, misericordiosos, perdonándoos unos a otros, como Dios también os perdonó a vosotros en Cristo."

Efesios 4:31-32 (RVR1960)

Me siento agradecida con Dios por no perder la vida en este desierto, sino sobrevivir y poder compartir mi historia con el mundo. A través de Su amor y misericordia sigo viva y de pie. Cinco años después del divorcio, Dios me brindó una nueva oportunidad para cumplir ese sueño que tenía desde niña, casarme con un verdadero príncipe azul llamado Antonio, con quien llevo veinte años de matrimonio y tenemos dos maravillosos hijos: Adriel y Omar, quienes llenan nuestra vida de alegría.

Nuestro hogar es hermoso, estable, lleno de paz y del amor de Dios porque hemos decidido que el centro de nuestras

vidas y de nuestra familia sea JESÚS. No permitas que el maltrato, el abandono, el rechazo o tus desiertos opaquen tu verdadera identidad, que es ser la hija y el hijo del Dios Altísimo.

Somos valiosos para Dios....

Un momento para reflexionar

Toma un tiempo para conectarte con Dios y hablar con Él. Haz el ejercicio de mirarte al espejo fijamente y escribir cómo ves tu reflejo. Pídele al Señor que te muestre cómo te ve y declara a viva voz que eres valiosa(o) para Él. Nunca olvides que eres una gran bendición.

"Porque somos hechura suya, creados en Cristo Jesús para buenas obras, las cuales Dios preparó de antemano para que anduviésemos en ellas."

Efesios 2:10 (RVR1960)

_____

_____

_____

_____

CAPÍTULO III

El desierto de la pérdida

Lo inesperado

"Pues estoy a punto de hacer algo nuevo.

¡Mira, ya he comenzado! ¿No lo ves? Haré un camino a través del desierto; crearé ríos en la tierra árida y baldía."

Isaías 43:19 (NTV)

Es difícil recibir noticias malas e inesperadas que desgarran el corazón y nos rompen en pedazos. Durante el transcurso de mi vida he tenido temporadas donde me he sentido rota, en pedazos y en oscuridad. ¿Te has sentido alguna vez así?

Hay muchas personas que se sienten de la misma manera, como si estuvieran viviendo completamente sus vidas en un desierto. A simple vista parecen sanas, felices y que las situaciones difíciles no les han hecho daño, ni las han roto. Sin embargo, es todo lo contrario, estas personas necesitan ver la luz de Cristo, ser reconstruidas en hermosas vasijas y tener un encuentro con el mejor alfarero que existe llamado Jesús.

"Después el Señor me dio este mensaje: ¡Oh, Israel! ¿No puedo hacer contigo lo mismo que hizo el alfarero con el barro? De la misma manera que el barro está en manos del alfarero, así estás en mis manos..."

Jeremías 18:5-6 (NTV)

La mayoría de estas personas piensan que por estar rotos o en pedazos no pueden hacer nada por el Padre y Su reino. He escuchado a algunos decir, incluyendo hermanos en la fe, que no trabajan para la obra de Dios porque creen que solo busca hombres y mujeres intachables. Te confieso que en algún

momento pensaba así también, pero al pasar el tiempo entendí que estaba equivocada.

Quiero compartirte una de las historias de la Biblia que más me encanta y se encuentra en Lucas 7:37-38 (RVR1960). Narra cómo una mujer pecadora, rota e indigna, se humilló ante Jesús y derramó el perfume de alabastro a sus pies.

"Entonces una mujer de la ciudad, que era pecadora, al saber que Jesús estaba a la mesa en casa del fariseo, trajo un frasco de alabastro con perfume;

y estando detrás de él a sus pies, llorando, comenzó a regar con lágrimas sus pies, y los enjugaba con sus cabellos; y besaba sus pies, y los ungía con el perfume."

Esta mujer sin previo aviso irrumpió en el lugar donde estaba Jesús para hacer uno de los actos más hermosos de adoración. Estoy segura de que ella tenía bien claro cuál era su estilo de vida, hasta podría asegurarte que se sentía rota por dentro o en pedazos. Por enjugar sus lágrimas y haberse postrado a ungir con alabastro los pies de Jesús fue criticada por muchos.

Lo que me sorprende es que ella no habló ni se defendió, simplemente se humilló delante de Jesús y le adoró enjugando los pies del Maestro con sus lágrimas y con el perfume de alabastro. Jesús conocía claramente quién era esta mujer y la honró delante

de todos, perdonando sus pecados por su fe y su valentía. Lo más maravilloso de esta historia es que Jesús no la juzgó, no la señaló, no la criticó, no hizo públicos sus pecados, sino que recibió como ofrenda su adoración y su humillación porque miró su corazón y no su condición.

Dios te dice en esta hora que, aunque estés roto por dentro, herido y lastimado, le adores y derrames tu mejor perfume en adoración a sus pies. Cuando el calor, la sequedad y la falta de agua en el desierto te hagan desmayar y caer sin fuerzas al suelo arenoso, deja que Dios recoja tus pedazos rotos y te forme nuevamente como una nueva y hermosa vasija en Sus manos. Nunca olvides que Dios tiene propósitos contigo, así como los tiene conmigo.

"Jehová cumplirá su propósito en mí..."

Salmos 138: 8 (RVR1960)

Mi Historia

Te voy a contar una parte muy difícil de mi vida. Esta historia fue un desierto caluroso, solitario, donde estuve sin fuerzas por mucho tiempo y comenzó el 18 de marzo de 2006 cuando me encontraba muy feliz e ilusionada con mi embarazo de

24 semanas. Estaba deseosa que llegara el día de ver a mi segundo hijo, al cual le pondría por nombre Yadiel Antonio.

Recuerdo claramente que ese día realizaba las labores diarias del hogar, fui al supermercado y luego a casa de una amiga para saludarla. Durante el regreso a casa comenzó a surgir algo inesperado, de repente dejé de sentir mis piernas y hubo un estallido fuerte en mi vientre, lo cual me indicó que había roto fuente y mi bebé estaba por nacer.

Entre lágrimas, dolor y miedo, busqué desesperadamente ayuda para llegar a un hospital cercano. Cuando finalmente llegué, no tenía idea de que lo inesperado en ese día culminaría con el nacimiento de mi segundo hijo, pero también con su partida para morar con el Señor. Pasé muchas horas con poca atención médica, cuando recuerdo lo que sucedió revivo las lágrimas que derramé y el inmenso dolor que sentí tanto física como emocionalmente. Estaba llena de miedo y completamente asustada, ya que tenía el cuerpo bañado en sangre debido a una hemorragia interna.

Nunca olvidaré a dos enfermeras que estaban de turno ese día en el área de maternidad del hospital. Una de ellas era Rosa, quien me tomaba de la mano y me decía que todo iba a estar bien. La otra enfermera, Laura, puso a mi lado un radio con música

cristiana para que sintiera paz y consuelo. Recuerdo la canción que programó en repetición esta enfermera esa noche en medio de mi desierto: "Si puedes creer" de Lilly Goodman.

Esa melodía fue como un bálsamo de paz a mi vida en ese desierto. Al escucharla sentía como si Dios mismo estuviera parado al lado de la camilla sosteniéndome de la mano y acariciando mi cabeza. Para que puedas entender un poco cómo me sentía, te voy a compartir las primeras dos estrofas. Te animo a cantarla de todo corazón donde quiera que te encuentres y permitirle al Señor que hable a tu vida, así como lo hizo conmigo en medio de un caluroso y seco desierto.

Te aseguro que no te arrepentirás...

Canción: Si puedes creer.

Álbum: La Compilación.

Cantante: Lilly Goodman.

Sé que hay montañas tan altas que

no crees escalar y un horizonte

tan lejano que no crees alcanzar

Sé que la duda y la indecisión

son enemigos que hay que derribar

Levántate con fe, en Dios está el poder

Para hoy vencer

-Coro-

Si puedes creer

todo es posible

Si puedes creer

Confiesa que es así,

Aunque no puedas ver

No des lugar a duda tan solo algo de fe

Si puedes creer

No importa el milagro Dios tiene el poder

Conforme a su voluntad se ha de hacer.

Declárate en victoria no hay de qué temer.

Continuando con mi historia, puedo dar testimonio de que el gran Médico Celestial estaba a mi lado y nunca me dejó sola. Sentía que Dios me sostenía entre sus brazos y me abrazaba con amor eterno desde el Palacio Celestial. Sabía que Dios estaba en control de mi vida en medio de aquel desierto seco y caliente que estaba viviendo; con toda convicción sé que Dios fue fiel en ese momento y lo sigue siendo hasta el día de hoy. *¡Gloria a Dios!*

Cuando me dieron de alta del hospital y regresé a mi hogar luego de esa pérdida, pensaba que la agonía de mi alma había terminado, pero me equivoqué... Desde ese momento comenzaron grandes luchas y una de esas fue mi salud. A causa del esfuerzo físico y emocional que sufrí ese día inesperado y la pérdida de sangre, empecé a padecer de arritmias cardiacas. Al cabo de dos meses inicié un tratamiento para tratarlas con una cardióloga y estuve aproximadamente ocho años en tratamiento para esta condición. Me tomó varios años superar esta pérdida, pero a través de ese desierto pude ver el poder de Dios en mi vida.

Aprendí que Dios nos bendice a través de los sucesos dolorosos que tenemos que vivir y enfrentar. Perder a mi hijo es el desierto más difícil y fuerte que he vivido, tenerlo en brazos sin vida es una experiencia que solo se sana con la ayuda de Dios, pero te puedo asegurar que, si yo pude lograrlo, tú también

podrás, solo tienes que creer y depositar tu vida en las manos de Dios.

No olvido ese día tan especial cuando el Señor me liberó de la tristeza, la angustia y la culpa que me consumían, ya que por muchos años me acusaba de haber perdido este bebé y sentía cadenas gruesas y pesadas en mi cuello que no me permitían ser libre.

A finales del año 2009 hubo una campaña de mujeres en mi iglesia con el lema: "Mujeres en construcción". Consistía en que varias mujeres de la iglesia representaban un material de construcción, pero lo tenían que asociar con su testimonio. Tuve que hablar de la pérdida y el material que me asignaron era el cemento, fue muy difícil hacerlo delante de todos.

Al momento de compartir mi historia en cuanto a la pérdida de mi bebé no dejaba de temblar y apenas podía emitir palabra; pero Dios tenía un banquete preparado para mí en esa campaña que jamás pensé recibir. Un predicador invitado a quien no conocía, en una de las ministraciones se me acercó y me dijo: "Hoy eres libre en el nombre de Jesús de esa tristeza, de esa angustia, de ese dolor y de esa culpa que te atormentan, sales de este lugar libre, en Cristo Jesús".

Mientras me hablaba, puso su mano sobre mi cabeza y al momento comencé a sentir algo sobrenatural que se movía dentro de mí como si fueran cascadas de agua que entraban por mi cuerpo hasta llegar a la punta de los pies. Fue una sensación única porque empecé a sentir paz instantáneamente como nunca la había experimentado.

Solo te puedo decir que desde ese día me he sentido libre, sana y restaurada por Dios, he podido testificarles a otros cómo Dios me liberó de la tristeza, de la angustia y de la culpa causada por una perdida. *¡Aleluya!*

Me gustaría contarte las enseñanzas que recibí de este desierto llamado "pérdida":

- Que todo tiene su tiempo delante de Dios.

- Que no logramos nada con nuestras fuerzas, sino que hay que aceptar la voluntad de Dios siempre.

- A crecer como una mujer cristiana, madre y esposa.

- A creer en Dios sin importar la situación que esté viviendo, incluyendo las temporadas de desiertos.

- A confiar en Dios y poner mi fe en acción, aunque me sienta perdida y hasta a punto de morir.

- Que los caminos de Dios son misteriosos y que tiene grandes propósitos para mi vida.

Algo muy importante que aprendí: en los momentos de pérdida y dificultad, cuando sentimos que todo se desmorona a nuestro alrededor, es cuando debemos agarrarnos con fuerza de la mano de Dios. Él es nuestro refugio y fortaleza, nuestro consuelo en medio del desierto.

"Dios es nuestro amparo y fortaleza,

Nuestro pronto auxilio en las tribulaciones.

Por tanto, no temeremos, aunque la tierra sea removida,

Y se traspasen los montes al corazón del mar;

Aunque bramen y se turben sus aguas,

Y tiemblen los montes a causa de su braveza. Selah"

Salmos 46:1-3 (RVR1960)

Superar la pérdida no significa olvidar o ignorar el dolor que sentimos, sino encontrar consuelo y esperanza en medio de la aflicción. Dios está dispuesto a caminar a nuestro lado en cada paso del proceso de duelo, sosteniendo nuestra mano y brindándonos el consuelo divino que solo Él puede dar.

Enfrentar la pérdida puede resultar abrumador, pero en esos momentos debemos recordar que no estamos solos. Dios nos promete en Su Palabra que nunca nos abandonará ni nos desamparará. Él está presente incluso en medio de nuestro dolor más profundo, extendiendo Su amor y compasión hacia nosotros.

Cuando nos tomamos de la mano de Dios encontramos las fuerzas necesarias para enfrentar el duelo y la pérdida, nos fortalece en nuestra debilidad y nos consuela en nuestra tristeza. Su amor y gracia son suficientes para sanar heridas y restaurar esperanzas. Al aferrarnos de Su mano descubrimos que no hay límite para Su poder sanador, Él puede transformar nuestra tristeza en gozo, nuestro dolor en paz y nuestra desesperanza en esperanza renovada. Su presencia nos consuela y nos da la certeza de Su compañía en medio del desierto.

No importa cuán oscuro sea este desierto de la pérdida, podemos confiar en que Dios nos guiará, nos sostendrá cuando nuestras fuerzas flaqueen y nos guiará hacia la luz al final del camino. Su amor inagotable nos acompañará en cada etapa del proceso de duelo, recordándonos que hay esperanza más allá del dolor.

Así que en este momento tan difícil te animo a aferrarte de la mano de Dios como lo hice yo. Permítele consolarte, fortalecerte y llevarte hacia la sanidad y la esperanza, confía en Su fidelidad y en Su promesa de que hará todas las cosas obrar juntas para bien.

Recuerda que la pérdida no tiene la última palabra en tu vida. Con Dios a tu lado, encontrarás la fortaleza para superar, la paz para sanar y la esperanza para seguir adelante. ¡Confía en Él y aférrate de Su mano!

Te puedo confesar que mi vida entera es del Señor, que mi casa y yo servimos a Jehová. Le doy gracias a Dios que no morí en ese desierto, sino que sobreviví para contarle al mundo que, por el amor de Dios, Su misericordia y Su cuidado sigo de pie. Luego de varios meses de esta perdida comencé a ayudar a mujeres que pasaban por el mismo proceso.

Les testificaba a ellas que solo en Dios se encontraba la paz y la fortaleza que necesitaban. Les decía una y otra vez que Dios siempre está en control de sus vidas sin importar cuán difíciles fueran las pruebas. Oraba y abrazaba a estas mujeres como si las conociera de toda la vida. Les compartía de la Palabra de Dios y les decía cuánto las amaba en el amor del Señor. Estas mujeres lloraban y lloraban hasta ser libres en Cristo. Ellas encontraron en

el Señor el consuelo y la paz que buscaban, así como lo encontré yo. ¡Gloria a Dios!

A los tres años de esta perdida, Dios me dio una nueva oportunidad de tener un hermoso bebé a quien llamé Omar Antonio. Hoy día tiene catorce años, es un jovencito de hermosas cualidades y le sirve al Señor con sus talentos.

Antes de finalizar este capítulo me gustaría compartirte una carta que escribí para mi bebé Yadiel Antonio. Aún la conservo y recuerdo que ese día me senté sola en el comedor de mi casa y le pedí fuerzas a Dios para poder escribirla. Te cuento que cuando terminé me sentí en paz y libre.

Dios es fiel...

---

13 de mayo de 2006

"Carta de amor para Yadiel"

Hola Yadiel Antonio:

Le doy gracias a Dios por haberme dado la oportunidad de haberte visto, saber cómo eras, ver tus rasgos físicos y sobre todo lo hermoso que fuiste. Quiero que sepas que te amo con todo mi

corazón y que ocupas un lugar muy importante y significativo en mi vida, y también en la vida de papá y Adriel.

Me entristece mucho reconocer que no voy a compartir momentos lindos de tu vida como verte dar tus primeros pasos, tus primeras palabras, hacerme travesuras y otros sucesos más, pero reconozco que estás viviendo una vida maravillosa y plena con Nuestro Padre Celestial en un Paraíso lleno de paz y alegría donde te rodeas de muchos angelitos lindos.

Me afirmo en la promesa que Dios me ha hecho de encontrarme contigo en el Cielo y ese día estaremos reunidos como una familia. Recuerda que mi corazón completo pertenece a Adriel y a ti. Estoy muy orgullosa de ser la madre de dos hermosos niños a los cuales llamé Adriel y Yadiel que llenan mi vida de alegría y de grandes ilusiones. No olvides que te amamos y que VIVES en lo más profundo de nuestros corazones por siempre.

Hasta pronto, ya me despido.

Con amor,

Mami Omayra.

"Aun lo roto es una obra de arte en mis manos.

Cada parte de ti la construyo en algo nuevo

con mucho amor y propósito."

Jesús...

Un momento para reflexionar

¿Has estado alguna vez roto(a) o sigues estándolo en este momento? Toma este tiempo para escribir las causas que te hicieron pedazos y haz un compromiso delante de Dios de entregárselas.

Aprovecha este tiempo para dar tu vida por completo a Dios y permítele que te forme como una hermosa vasija en sus manos. No olvides que Dios es el mejor alfarero que existe.

"En ese momento la palabra del Señor vino a mí, y me dijo:

«Pueblo de Israel, ¿acaso no puedo hacer con ustedes lo mismo que hace este alfarero con el barro?», afirma

el SEÑOR. «Ustedes, pueblo de Israel, son en mis manos como el barro en las manos del alfarero."

Jeremías 18:5-6 (NVI)

_____

_____

_____

_____

CAPÍTULO IV.

El desierto de la enfermedad

Sin tan solo tocare el borde del manto del Maestro

Había entre la gente una mujer que hacía doce años padecía de hemorragias. Había sufrido mucho a manos de varios médicos, y se había gastado todo lo que tenía sin que le hubiera servido de nada, pues en vez de mejorar, iba de mal en peor. Cuando oyó hablar de Jesús, se acercó a él por detrás entre la gente y tocó su manto. Pensaba: «Si logro tocar siquiera su manto, quedaré sana». Al instante, cesó su hemorragia, y se dio cuenta de que su cuerpo había quedado libre de esa aflicción.

Al momento, Jesús se dio cuenta de que había salido poder de sí mismo, así que se volvió hacia la gente y preguntó:

—¿Quién ha tocado mi manto?

—Ves que te apretuja la gente —le contestaron sus discípulos—, y aun así preguntas: "¿Quién me ha tocado?".

Pero Jesús seguía mirando a su alrededor para ver quién lo había hecho. La mujer, sabiendo lo que le había sucedido, se acercó temblando de miedo y, arrojándose a sus pies, confesó toda la verdad.

—¡Hija, tu fe te ha sanado! —dijo Jesús—. Vete en paz y queda sana de tu aflicción.

Marcos 5:25-34 (NVI)

En la Biblia, el evangelista Marcos nos habla de una mujer que estaba muy enferma; su condición de salud era crítica (Marcos 5). Llevaba doce años con flujo de sangre, había gastado todo lo que tenía en médicos y no logró ser curada. Qué tristeza me da cuando leo esta historia, llegan a mi mente imágenes de cómo pudo haber sido la vida de esta mujer en aquella época; la imagino en un estado depresivo, sola, deteriorada físicamente, anémica, débil y sin fuerzas para poder moverse.

No solo eso, para las leyes de la época esta mujer era inmunda por tener un flujo de sangre y la obligaban a estar alejada de todos. Qué triste debió haber sido su vida, además de estar enferma por mucho tiempo tenía que alejarse de su familia, no podía trabajar, ni tener un hogar o una vida normal. La Biblia no detalla si tenía hijos lo que haría más dolorosa su situación.

Sin embargo, algo comenzó a moverse en ella cuando escuchó hablar de Jesús. Su vida no cambió mientras intentaba todo con los médicos de su época, sino cuando le hablaron de Jesús y decidió buscarlo aun en medio de la multitud, de sus circunstancias, de sus debilidades y de sus temores. Esta mujer tuvo un pensamiento sabio: si tan solo tocaba el borde del manto del Maestro sería sana, reconocía que Jesús tenía el poder para sanarla; su actitud representó una gran fe y perseverancia.

En ocasiones dudamos del poder de Dios cuando lo que debemos hacer es levantarnos en fe y caminar hacia el Maestro sin importar las condiciones que estemos viviendo. Todo comenzará a cambiar en nuestras vidas cuando escuchemos al Maestro y le creamos con todo el corazón. Al hacerlo veremos el cumplimiento de Sus promesas porque para Él no hay nada imposible. Dios hizo milagros en el pasado, hace milagros en el presente y seguirá haciendo milagros en el futuro. ¡Aleluya!

No importa cuán grande sea esa multitud para ti, sigue caminando hacia Jesús hasta que puedas tocar el borde de Su manto con tu fe. La multitud representa simbólicamente los obstáculos de la vida que debemos enfrentar y que en ocasiones parecen impenetrables.

Hoy el Señor nos llama a vencer estos obstáculos. No importa el diagnóstico médico que te hayan dado, no importa si tus hijos están en malos caminos, no importa si tu esposo es alcohólico, no importa si tu familia es disfuncional, no importa tu condición económica y no importa si otros no te toman en cuenta. Aquí lo que importa es que decidas caminar en fe hacia Dios porque es lo que provoca que Él obre de manera sobrenatural en tu vida y en los tuyos, y que entregue el milagro en tus manos. Cuando le abres la puerta de tu corazón a Dios, eso es FE.

"Es, pues, la fe la certeza de lo que se espera, la convicción de lo que no se ve."

Hebreos 11:1 (RVR1960)

Dios quiere que te acerques a Él con fe y le busques sin importar la multitud que tengas que enfrentar. Jesús sabía quién le había tocado, sabía que había obrado un milagro de sanación y salvación en aquella mujer que llevaba doce años enferma; Jesús te conoce, conoce tu condición y tiene sus ojos puestos en ti para hacer un milagro en tu vida. ¡Aleluya!

"Te haré entender, y te enseñaré el camino en que debes andar; Sobre ti fijaré mis ojos."

Salmos 32:8 (RVR1960)

En los momentos de enfermedad, cuando nos enfrentamos a la fragilidad de nuestro cuerpo y la incertidumbre se cierne sobre nosotros, es cuando reconocemos que Dios es nuestra única esperanza y el gran Médico por excelencia.

En la enfermedad nos damos cuenta de nuestra limitación y vulnerabilidad. Pero es en medio de esa fragilidad que experimentamos el poder y la gracia de Dios de una manera especial. Él es quien nos sostiene en las debilidades y nos fortalece cuando nuestras fuerzas flaquean.

Dios es el Gran Médico que posee el conocimiento y el poder para sanar nuestras dolencias. Él conoce cada célula de nuestro cuerpo y entiende nuestras necesidades más íntimas. Su amor por nosotros es inmenso y su deseo es que seamos restaurados y renovados en cuerpo, mente y espíritu.

En el momento de la enfermedad debemos aferrarnos a la promesa de que Dios está con nosotros, nos ofrece consuelo en medio del dolor y nos da esperanza en la incertidumbre. Podemos depositar la confianza en Él y descansar en Su amor incondicional, seguros de que puede hacer milagros en nuestra vida y en nuestra salud. Aunque no siempre comprendamos sus caminos, podemos confiar en que tiene un propósito en todo lo que permita que atravesemos.

Su gracia es suficiente para sostenernos y Su poder es capaz de transformar cualquier situación. Cuando enfrentamos la enfermedad es un recordatorio de nuestra dependencia total de Dios, para acercarnos a Él en oración, buscar Su guía, Su sanidad y Su paz sobrenatural, humillarnos ante Él y reconocer que sin Su intervención, nuestras fuerzas y los recursos médicos son limitados.

En medio de la enfermedad Dios se manifiesta como nuestro refugio, nuestro consuelo y nuestra fortaleza, nos recuerda que no estamos solos en la lucha y que Él está ahí, sosteniéndonos y llevándonos de la mano. Así que, en el momento de la enfermedad, dirijamos nuestros ojos a Dios, nuestro Gran Médico, confiemos en Su amor, en Su sabiduría y en Su poder sanador.

Depositemos nuestra vida en Sus manos, sabiendo que Él tiene el control, que obrará de acuerdo con Su voluntad perfecta y en medio de la enfermedad podremos experimentar la paz que solo Dios puede dar.

Que Su presencia nos fortalezca y Su gracia nos sostenga. Recordemos en cada paso del camino que Él es nuestra única esperanza y nuestro Sanador por excelencia.

Mi Historia...

Esta historia comienza en el año 2014, cuando me encontraba muy enferma como la mujer del flujo de sangre. Padecía de dos enfermedades terribles: arritmias cardiacas y epilepsia. La segunda fue la más difícil de sobrellevar.

La epilepsia me arrancaba la vida, me hacía sentir débil físicamente, me incapacitaba para todo, no podía trabajar y no me permitía tener una vida normal. Sentirme tan enferma me obligaba a depender de otras personas para poder realizar mis tareas diarias como llevar a mis hijos a la escuela e ir al supermercado.

Hubo un momento en que esta enfermedad no me permitía estar sola, tenía que estar acompañada de un familiar porque me daban convulsiones varias veces al día y todos los días. Mi vida se asemejaba a la de la mujer del flujo de sangre que narra la Biblia, ya que había gastado todo lo que tenía en médicos, medicamentos, tratamientos y nada dio resultados, seguía enferma.

Un día el médico especialista decidió diagnosticarme una epilepsia no tratable con medicación y me ofreció una alternativa para remediar esta enfermedad: realizar una cirugía e insertar

unas placas metálicas en el área del cuello para evitar las convulsiones.

Ya en este punto me encontraba cansada de los medicamentos, estaba frustrada de los tratamientos médicos sin resultados, tenía mucho miedo, sobre todo porque mis hijos estaban muy pequeños y me necesitaban; para esa fecha mi hijo mayor Adriel tenía diez años y mi hijo menor Omar, tenía cinco.

Así que decidí hacer como hizo la mujer del flujo de sangre, levantarme en fe y caminar hacia el Maestro, sin que me importara cuán grande era la multitud que tenía delante. Estaba enfocada en llegar al Maestro y tocar el borde de Su manto porque sabía que si llegaba sería sana en Su nombre.

Te voy a contar como fue este caminar entre la multitud hasta que pude llegar a Jesús para tocar el borde de Su manto: estuve orando de rodillas a diario por tres meses y ayunaba todos los lunes. En este tiempo de ayuno y oración clamaba al Señor con todo mi corazón por mi sanidad. Me aferraba a mi fe porque reconocía que Dios era el único que podía cambiar mis circunstancias.

Yo sabía que Dios podía librarme de ese desierto de la enfermedad. Este tiempo fue muy hermoso en la presencia del Señor porque comencé a escuchar al Maestro por primera vez y

experimentar Su presencia de una manera sobrenatural, pude encontrarme cara a cara con el Padre. ¡Gloria a Dios!

Durante estos tres meses el Señor me hacía fuerte. Esta experiencia me hizo afirmar y declarar hasta el día de hoy lo que dice la Palabra de Dios en 2 Corintios 12:9 (RVR1960):

"...Bástate mi gracia; porque mi poder se perfecciona en la debilidad..."

En medio de este desierto aprendí que cuando soy débil, me hago fuerte en Cristo Jesús. *¡Aleluya!*

Luego de esos tres meses me internaron en un hospital distante de mi casa para hacerme un electroencefalograma (EEG), estudio de la función cerebral que recoge las actividades eléctricas del cerebro, inclusive hasta cuando se está durmiendo. La señal eléctrica recogida en este estudio se amplifica y se representa en forma de líneas, interpretando la actividad de las distintas áreas cerebrales a lo largo del tiempo. Este estudio tuvo una duración de seis largos e intensos días, donde estuve con cables por toda mi cabeza conectados a unas máquinas.

El propósito de realizarme este tipo de electroencefalograma era estudiar mi cerebro mientras me provocaban las convulsiones para poder estudiar su funcionamiento y así determinar cómo sería finalmente la cirugía.

Lo curioso fue que pasaron los seis días y no sucedió nada. El médico no sabía qué hacer, me expresó que estaba muy confundido con mi caso y decidió que no haría la cirugía hasta que no se me realizaran otros estudios en un hospital donde atendían condiciones del corazón.

Me enviaron al Hospital Centro Cardiovascular en la capital de Puerto Rico, donde me realizaron varios estudios del corazón. El resultado final fue que las arritmias cardiacas que padecía por muchos años habían desaparecido, lo cual significaba que por más que me provocaran las convulsiones no me daría ninguna porque Dios me había sanado tanto de la epilepsia como de las arritmias cardiacas. ¡Dios es poderoso! ¡Dios es milagroso!

¡Vivo agradecida con Dios por haberme sanado de la epilepsia y de las arritmias cardiacas! ¡Vivo agradecida con Dios porque no me permitió morir en ese desierto, sino que vivo para contarles a todos el milagro de sanidad que Dios hizo en mí! ¡Gloria a Dios!

Quisiera contarte una experiencia hermosa y muy poderosa que viví dos semanas antes de ser internada en aquel hospital. Tuve una convulsión bien fuerte en la madrugada que me dejó muy aturdida, cuando logré quedarme dormida tuve un sueño maravilloso donde todo se veía color blanco. En ese sueño

veía a un hombre que se acercó, me tomó en sus brazos y me dijo: "Nunca más volverás a pasar por esto, será la última vez que sufrirás de esta enfermedad. Hoy te busco para que llegues a mí, porque a todos los que están trabajados y cargados yo los haré descansar. Esto quiero hacer contigo." *¡Aleluya!*

Cuando desperté, sabía que no había sido un simple sueño, sino que Dios me había visitado y sanado de la epilepsia. Desde antes que me internaran en el hospital para realizarme el electroencefalograma yo sabía que Dios había hecho una obra de sanidad en mí.

Hasta el día de hoy nunca más he padecido de ataques epilépticos ni de arritmias cardiacas, Dios lo hizo posible, el Señor me sanó y cada día sigo declarando que soy sana por el poder de Cristo Jesús. ¡A Dios sea toda la gloria!

Volviendo brevemente a la historia bíblica de la mujer que padecía un flujo de sangre y que movida por una gran fe decidió acercarse a Jesús y tocar el borde de su manto, en ese preciso momento se desató un poder divino proveniente de Él. Este relato nos enseña que cuando actuamos en fe y nos acercamos a Jesús podemos experimentar milagros en nuestras vidas.

El acto de fe de esta valiente mujer conmovió profundamente el corazón de Jesús, quien respondió con un

milagro sanador. Esto nos deja una valiosa lección: hoy, este mismo día, es una oportunidad para poner nuestra fe en acción, confiando en que Dios desea concedernos nuestros milagros.

Es importante recordar que la fe es un componente vital en nuestra relación con Dios. Al igual que la mujer del relato de la Biblia debemos acercarnos a Dios con fe y esperanza, sabiendo que está dispuesto a escuchar nuestras oraciones y responder a nuestras necesidades. No importa cuál sea la situación, el poder de Dios es ilimitado y está dispuesto a actuar en nuestra vida cuando confiamos en Él.

Así que hoy animémonos mutuamente a poner nuestra fe en acción. Acerquémonos a Dios con seguridad, no dejemos que las dificultades nos desanimen, confiemos en que la fe verdadera puede mover montañas y transformar nuestras circunstancias. Mantengamos viva la esperanza y permitamos que el poder de Dios se manifieste en nuestras vidas.

Solo tienes que creer...

Te quiero compartir estas fotos para que veas cómo ingrese a ese hospital en medio del desierto. Sin embargo, te puedo asegurar que no salí de allí de la misma forma. Dios me

visitó en ese desierto, no me dejó sola y me dio la sanidad que necesitaba para poder salir. Por medio de la sanidad en Dios pude llegar a una tierra verde, fresca y fértil.

¡Gloria a Dios!

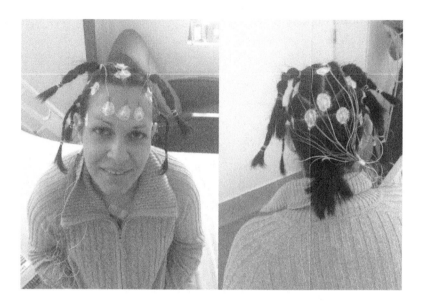

29 de septiembre de 2014

Hospital HIMA San Pablo Caguas, Puerto Rico

Un momento para reflexionar

Si estás pasando por el desierto de la enfermedad, saca estos minutos para ir delante de la presencia de Dios para adorarle y darle lo mejor de ti. Te aseguro que esta adoración será

tu mejor medicina. Escribe tu experiencia luego de adorar al gran Médico por excelencia que existe en todo el universo y recuerda que tus circunstancias no deben limitar tu adoración al Padre.

¡Aleluya! Canten al SEÑOR un cántico nuevo, alábenlo en la comunidad de los fieles.

Salmos 149:1 (DHH)

_____

_____

_____

_____

_____

_____

_____

_____

_____

_____

CAPÍTULO V

El desierto de la incertidumbre

Dios entregó el milagro en mis manos

"Pero si esperamos lo que no vemos, con paciencia lo aguardamos."

Romanos 8:25 (RVR1960)

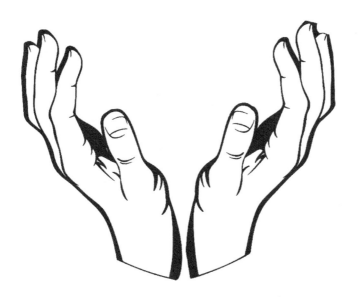

Hoy día enfrentamos muchas batallas que se convierten en temporadas de desierto, el temor es una de ellas. En ocasiones este temor viene acompañado de la preocupación y la incertidumbre. Defino el temor como un arma que utiliza el enemigo para distraernos de Dios y a la preocupación como ocuparte de algo anticipadamente. Cuando decides dar el primer lugar a las preocupaciones gastas tus energías en vez de ocuparte en declarar la VICTORIA en Cristo.

Dios desea que estemos libres de temores y preocupaciones, desea que vivamos en paz y cubiertos de Su amor. Cuando entendemos el amor que Dios siente por nosotros, comenzamos a librarnos del temor, de los miedos y de las preocupaciones.

"En el amor no hay temor, sino que el perfecto amor echa fuera el temor; porque el temor lleva en si castigo. De donde el que teme, no ha sido perfeccionado en el amor."

1 Juan 4:18 (RVR1960)

Quiero compartirte una enseñanza que Dios me mostró hace unos años cuando enfrentaba uno de los desiertos más difíciles. Está basada en 2 Crónicas 20 y habla sobre un hombre llamado Josafat que entregó su batalla a Dios.

"Y acudieron algunos y dieron aviso a Josafat, diciendo:
Contra ti viene una gran multitud del otro lado del mar... Entonces
él tuvo temor; y Josafat humilló su rostro para consultar a Jehová,
e hizo pregonar ayuno a todo Judá."

2 Crónicas 20:2-3 (RVR1960)

En estos versículos podemos ver a Josafat, un hombre de Dios que sintió temor cuando le advirtieron que una multitud iba contra él. Me imagino cómo se debió sentir al escuchar esta noticia, creo que en su lugar hubiera corrido a esconderme. Sin embargo, él hizo algo que llamó mucho mi atención: "buscó a Dios en humillación para escuchar su voz", sabía que necesitaba oírlo para enfrentar una batalla y poner en acción un plan para alcanzar la victoria.

Este Plan de Batalla de Dios que te acabo de mencionar se compone de varias fases que te mostraré a continuación.

Primera Fase: Escuchar La Voz De Dios

Cuando nos detenemos a escuchar la voz del Señor antes de actuar, comienza la primera fase del Plan de Batalla de Dios. Esta va a empezar a ejecutarse cuando decidimos entregarle

nuestras luchas, ponemos la fe en acción y echamos fuera el temor para poder escucharlo.

"La fe es por el oír, y el oír, por la palabra de Dios."

Romanos 10:17 RV1960

Podemos escuchar la voz de Dios de diferentes formas y quiero compartirte algunas que he logrado experimentar cuando:

- Siento una inmensa paz y mis emociones alteradas son calmadas.
- Las aves cantan.
- El ruido de las olas se estremece en la orilla de la playa.
- Llegan nuevas ideas a mi mente.
- Siento el silencio de la noche y la quietud del día.
- Escucho la risa de un niño.

No importa en la manera que puedas oír la voz de Dios, lo importante es hacerlo con el corazón. Te cuento que a diario elevo una oración por mis hijos y pido a Dios que afine sus oídos espirituales para que puedan reconocer Su voz y la escuchen. El enemigo trata de hacernos sordos a la voz de Dios en todo momento y no lo podemos permitir. Es importante que nuestros oídos espirituales estén siempre apercibidos para escuchar Su dulce y hermosa voz.

Tal vez estás pasando por una situación similar a la de Josafat, enfrentas una batalla y necesitas escuchar la voz de Dios. Te recomiendo que en vez de salir corriendo y huir, te acerques a Dios en oración, estudies Su palabra, ayunes y pases un tiempo en intimidad con Él. No te arrepentirás....

Mientras pasas por el proceso de escuchar la voz de Dios, exprésale cuánto le amas y lo que significa para ti. Eso hizo Josafat, comenzó a decirle a Dios lo grande que era, se enfocó en Él en vez de darle el primer lugar a sus temores y luchas.

Como cristianos debemos seguir el ejemplo de este hombre cuando estamos frente a una batalla. Expresemos a Dios lo grande que es, lo inmenso de Su amor y lo poderosos que son Sus milagros; podemos exaltarlo, alabarlo y adorarlo. Dios tiene un plan perfecto para librarnos, solo tenemos que escuchar Su voz y confiar. ¡Aleluya!

Segunda Fase: Depender De Dios

La segunda fase del Plan de Batalla de Dios comienza cuando admitimos que dependemos totalmente de Él.

"...Porque en nosotros no hay fuerza contra tan grande multitud que viene contra nosotros; no sabemos qué hacer, y a ti volvemos nuestros ojos."

2 Crónicas 20:12 (RVR1960)

En este versículo Josafat admite abiertamente delante de Dios su incapacidad para lidiar con sus opositores. Es importante que tengamos claro que no podemos enfrentar los problemas de la vida sin Dios y mucho menos sobrevivir en el desierto. Muchas veces gastamos energías tratando de luchar con nuestras propias fuerzas y terminamos cansados, frustrados y muy débiles por las confrontaciones. Debemos dejar que Dios haga por nosotros lo que no podemos con nuestras propias fuerzas.

Algo muy interesante hizo Josafat en la batalla, admitió que no tenía ningún poder para enfrentar a sus enemigos y no sabía qué hacer, por estas razones decidió poner su mirada en Dios y depender de Él. Al hacerlo se ubicó en posición de esperar por un milagro.

Juan 15:5 (RVR1960) nos dice que separados de Dios nada podemos hacer, por eso tenemos que descansar en Dios y depender de Él. Debemos despojarnos de todo el peso que llevamos sobre nosotros y entregárselo a Dios por completo. Dios nos llama en estos tiempos a depender de Él.

Quiero compartir contigo una visión espiritual que me mostraba el Señor en una temporada de desierto. Me enseñaba un día soleado, muy hermoso y yo me encontraba sentada en un sillón de madera en un balcón, meciéndome mientras observaba la hermosa creación de Dios a mi alrededor. Me sentía con una paz que no es fácil de explicar. Podía experimentar que descansaba de mis cargas, luchas y batallas mientras me mecía. Te puedo contar que estaba tan cómoda y relajada que dejaba caer todo el peso de mi cuerpo sobre aquel sillón de madera. Me sentía feliz y libre de todo.

El Señor hablaba a mi vida a través de esta visión espiritual y me decía: "Yo soy este sillón de madera que te sostiene de todo tu peso y de todas tus cargas. Al sostenerte en mis brazos puedes depender de mí, descansar, tener gozo, paz y alegría aun en los tiempos de guerras, los tiempos de luchas y las temporadas de desiertos. " *¡Gloria a Dios!*

Qué maravilloso es el Señor que nos habla en todo momento con una voz dulce a nuestras vidas. Hoy también te invita a sentarte en este sillón de madera para que puedas dejar caer todo tu peso y comiences a depender de Él. *¡Aleluya!*

Tercera Fase: Decidir Tomar Tu Posición En El Señor

La tercera fase del Plan de Batalla de Dios es cuando decides tomar tu posición.

"No habrá para que peleéis vosotros este caso; paraos, estad quietos y ved la salvación de Jehová con vosotros... No temáis, ni desmayéis; salid mañana contra ellos, porque Jehová estará con vosotros. Entonces Josafat se inclinó rostro a tierra, y asimismo todo Judá y los moradores de Jerusalén se postraron delante de Jehová, y adoraron a Jehová."

2Crónicas 20:17-18 (RVR1960)

En estos versículos vemos la posición de reverencia y de humillación que tomó Josafat delante de Dios al recibir sus mandatos. Se arrodilló y rostro en tierra adoró a Dios junto a los moradores de Judá y Jerusalén. Dios desea que sus hijos tomen la posición correcta delante de Él cuándo enfrentan las batallas, incluyendo las temporadas de desierto.

En esta tercera fase se incluye la postura de adoración. El Señor traía a mi mente mientras escribía estas líneas al Rey David, porque cuando tocaba sus instrumentos musicales, sus dedos estaban peleando las batallas. La alabanza, la adoración, los

cánticos y la música son armas poderosas que podemos utilizar cuando enfrentamos las batallas en el nombre de Jesús.

"...Adiestra mis manos para la batalla, y mis dedos para la guerra."

Salmo 144:1 (RVR1960)

Te cuento que mi hijo mayor es músico, le gusta tocar varios instrumentos, pero el que más le apasiona es el piano. Actualmente es parte de los grupos musicales de nuestra iglesia: "Voces a Su Gloria" y "Los Herederos de Su Gloria". Cada vez que participa con estos grupos en la adoración elevo una oración a Dios para que dirija sus dedos, que se manifieste a través de las melodías y las notas musicales que se escuchan del piano cuando mi hijo lo toca.

Tengo fe que Dios puede sanar y liberar a un pueblo a través de las melodías y notas musicales que se escuchan. Dios tiene el poder para hacerlo y yo lo creo por fe. Si tienes hijos músicos no te olvides de presentar al Padre sus talentos y aprovecha la oportunidad para pedirle a Dios que los use como grandes instrumentos en sus manos. *¡Aleluya!*

"Y se levantaron los levitas de los hijos de Coat y de los hijos de Coré, para alabar a Jehová el Dios de Israel con fuerte y alta voz."

2 Crónicas 20:19 (RVR1960)

"Y habido consejo con el pueblo, puso a algunos que cantasen y alabasen a Jehová, vestidos de ornamentos sagrados, mientras salía la gente armada, y que dijesen: Glorificad a Jehová, porque su misericordia es para siempre."

2 Crónicas 20:21 (RVR1960)

Alabar y adorar a Dios en ocasiones no parece ser lo adecuado cuando estamos en la batalla o en un desierto, pero créeme, eso es exactamente lo que se debe hacer. Comienza a adorar a Dios desde que abres tus ojos. Adóralo mientras te preparas para ir al trabajo, adóralo mientras te diriges a cumplir tus obligaciones, adóralo en tu auto, adóralo en todos los lugares que vayas y te asombrarás de ver cómo las cosas comienzan a cambiar. La adoración crea una atmósfera sobrenatural donde Dios puede obrar. *¡Aleluya!*

Cuarta Fase: La Libertad En Cristo

La cuarta fase del Plan de Batalla de Dios es la libertad en Cristo.

"Y cuando comenzaron a entonar cantos de alabanza, Jehová puso contra los hijos de Amón, de Moab y del monte de

Seir, las emboscadas de ellos mismos que venían contra Judá, y se mataron los unos a los otros."

2 Crónicas 20:22 (RVR1960)

En este versículo vemos que algo maravilloso sucedió mientras el pueblo de Judá cantaba alabanzas a Dios, los enemigos cayeron en sus propias emboscadas matándose unos con otros. La alabanza hizo confundir al enemigo y la adoración lo transformó todo, porque en la alabanza y en la adoración hay libertad. El Señor desea que seas libre para siempre, por esto es importante que declares todos los días con fe y con muchas fuerzas que eres libre en Cristo Jesús.

"Jesús le dijo a la gente que creyó en él:

—Ustedes son verdaderamente mis discípulos si se mantienen fieles a mis enseñanzas; y conocerán la verdad, y la verdad los hará libres."

Juan 8:31-32 (NTV)

Muchos se hacen la pregunta: ¿Qué debo hacer para ser libre en Cristo?

Es importante que sepas la respuesta porque puedes hacer cosas cotidianas y ser libre, pero esto no significa que seas libre en Cristo. Lo primero es aceptar a Jesús como el único

Salvador de tu vida, porque la salvación proviene de Dios, y cuando aceptas con el corazón a Dios como tu salvador, eres libre.

"Y en ningún otro, hay salvación, porque no hay otro nombre bajo el cielo, dado a los hombres, en que podamos ser salvos."

Hechos 4:12 (RVR1960)

Lo segundo para ser libre en Cristo Jesús es confesar tus pecados delante del Padre con un corazón arrepentido. Dios es un Padre misericordioso y está listo para perdonarte cuando te arrepientas. *¡Aleluya!*

"Si confesamos nuestros pecados, él es fiel y justo para perdonar nuestros pecados, y limpiarnos de toda maldad."

1 Juan 1:9 (RVR1960)

Lo tercero es despojarte del "viejo hombre", porque cuando decides dejar la pasada manera de vivir sin Cristo y te vistes del "nuevo hombre" en Cristo, eres libre.

"En cuanto a la pasada manera de vivir, despojaos del viejo hombre, que está viciado conforme a los deseos engañosos, y renovaos en el espíritu de vuestra mente, y vestíos del Nuevo hombre, creado según Dios en la justicia y santidad de la verdad."

Efesios 4:22-24 (RVR1960)

"De modo que si alguno está en Cristo, nueva criatura es;
las cosas viejas pasaron; he aquí todas son hechas nuevas."

2 Corintios 5:17 (RVR1960)

Lo cuarto que debes hacer para ser libre en Cristo es vivir una vida íntima con el Padre todos los días y quinto declarar a diario las hermosas promesas de Dios a tu vida. Te voy a compartir una de mis promesas favoritas que están escritas en la Biblia y se encuentra en Juan 14:6 (RVR1960):

"Yo soy el camino, y la verdad y la vida..."

Dios quiere que tengas una relación íntima con Él, que comiences a creerle todo lo que promete y que nunca olvides que es el camino, la verdad y la vida. Dios nunca falla y solo en Él hay libertad. *¡Aleluya!*

Quinta Fase: La Bendición

Si volvemos a la historia de Josafat, vemos que Dios le permitió la victoria en esa batalla y también le dio una gran recompensa, Josafat y el pueblo fueron bendecidos por Dios de una manera poderosa.

"Viniendo entonces Josafat y su pueblo a despojarlos, hallaron entre los cadáveres muchas riquezas, así vestidos como alhajas preciosas, que tomaron para sí, tantos, que no los podían llevar; tres días estuvieron recogiendo el botín, porque era mucho."

2 Crónicas 20:25 (RVR1960)

La recompensa que le entregó Dios a Josafat y a su pueblo en esta batalla fue con riquezas materiales. Sin embargo, es importante tener claro que las recompensas en el Señor no siempre serán como en esta historia, sino que puede ser en crecimiento espiritual, sabiduría, vivir una experiencia sobrenatural con Jesús y otras formas más.

Hoy te exhorto a que no te quedes simplemente con la victoria en tus manos, sino que a través de las victorias en Cristo le testifiques al mundo de lo que hizo en tu vida y le hables a otros del poder de Dios y de lo grande que es. *¡Gloria a Dios!*

"Id por todo el mundo y predicad el evangelio a toda criatura."

Marcos 16:15 (RVR1960)

Una vez más te digo que cuando pones en acción el Plan de Batalla de Dios el resultado será una gran victoria y tu milagro será entregado en tus manos.

¡Aleluya!

Dios te entregará tu milagro muy pronto, créelo por fe...

Mi Historia

Esta historia que te voy a contar ha sido uno de los desiertos que más ha impactado mi vida. Me hizo crecer en Dios de una manera poderosa, tuve que aprender a cerrar mis ojos, a caminar por fe y a confiar en Dios, aunque no entendía nada de lo que estaba viviendo. La realidad era que no sabía qué hacer para sobrevivir en ese desierto. Este proceso me hizo identificarme con Josafat que sintió temor cuando le advirtieron que una multitud iba en su contra.

Durante los años 2013 al 2015 mi papá se encontraba muy enfermo y tenía varias condiciones de salud serias. Padecía de cirrosis con esplenomegalia, ascitis, y adicionalmente diabetes. La cirrosis es una condición donde el funcionamiento del hígado es deficiente y es la fase final de su daño crónico. La esplenomegalia (Splenomegaly) es la hipertrofia del bazo y la ascitis (Ascites) es la

acumulación de fluido en el abdomen. Estas condiciones de salud cada día seguían avanzando y papá se deterioraba más y más.

La única alternativa médica que nos ofrecían era realizarle un trasplante de hígado en los Estados Unidos, sin embargo, esta opción parecía ser inalcanzable ya que era una cirugía fuera de nuestro país y muy costosa.

Pasaban los días y mi papá seguía enfermo, así que mi hermano y yo aceptamos enlistarlo en unos registros de espera para estos pacientes, por si surgía una posibilidad de trasladarlo a los Estados Unidos para realizarle la cirugía. Durante tres años de espera nos fuimos preparando en lo económico, realizando diferentes actividades profondos para poder costear el procedimiento.

Fue un tiempo de larga espera, angustia, miedos e incertidumbres, pero por otro lado fue una etapa de oración y fe. Teníamos la esperanza de que en cualquier momento Dios nos entregaría el milagro.

El 13 de enero de 2016 llegó la noticia tan esperada, mi papá sería trasladado al Instituto de Trasplante de Órganos Múltiples del Centro Médico Ochner en New Orleans en los Estados Unidos. El 15 de febrero de 2016 partí para ese país en busca del milagro que Dios tenía para mi papá, su trasplante de

hígado. Al momento de tomar ese avión sentía diversas emociones: alegría, mucha fe y esperanza, pero por otro lado miedos y temores porque me marchaba a un lugar desconocido y dejaba mi casa, mis hijos y mi esposo por un tiempo.

Aun así, siempre sentí a Dios cerca de mí y te puedo contar con toda certeza que Dios fue fiel y siempre lo será. Una semana antes de partir a los Estados Unidos con mi papá tuve una visión mientras oraba, veía un avión salir del aeropuerto en Puerto Rico sostenido en el aire por dos gigantescas manos en un cielo muy hermoso de colores brillantes, y mientras veía esta imagen espiritual el Señor me decía: "Irán en ese avión y YO los sostendré en mis manos para cuidarles mientras llegan a su destino final." *¡Gloria a Dios!*

Luego de esta visión me quedé tranquila y confiada en que Dios estaba en control de ese viaje. Por fin llegó el día tan esperado, nos encontrábamos contentos y llenos de esperanza porque íbamos en busca de nuestro milagro. La primera escala de este vuelo fue en el aeropuerto de Carolina del Norte, pero para nuestra sorpresa, se acercaba una tormenta de nieve y todos los vuelos fueron cancelados.

Nos tuvimos que quedar en ese aeropuerto una noche entre una gran multitud de personas detenidas allí igual que

nosotros. Fue una de las noches más largas y agotadoras de mi vida; no sabía qué hacer, mi próximo vuelo se había cancelado, mis maletas se habían extraviado y mi papá se encontraba un poco incoherente por sus condiciones de salud. En ese tiempo pude experimentar uno de los desiertos más calurosos que he tenido que enfrentar y no sabía cómo podía sobrevivir.

Me senté en una esquina del aeropuerto porque apenas me podía sostener de pie del agotamiento físico que sentía, recuerdo que el dolor de cintura y de espalda eran insoportables. Sin que nadie me viera, en aquel rincón comencé a clamarle al Señor con llanto para que fuera mi socorro en ese momento.

Me encontraba desesperada, confundida, frustrada y muy cansada. Luego de esta oración me quedé dormida y cuando desperté me sentía llena de paz. Pude encontrar mis maletas y logré coordinar mi próximo vuelo para New Orleans luego que pasara la tormenta de nieve.

Esa noche el Señor trajo a mi mente la visión del avión sujetado por dos grandes manos. Fue en ese momento cuando pude entender que el Señor me estaba preparando para enfrentar esa situación. Dios es un Padre amoroso que siempre cuida de sus hijos, así que al recordar la visión comencé a sentir una inmensa

tranquilidad porque entendí que Dios estaba cuidando de mi papá y de mí en ese viaje. Dios es fiel. *¡Aleluya!*

Cuando llegamos a New Orleans todo comenzó a marchar en orden, nos alojaron en aquel hospital y comenzaron a realizarle pruebas médicas a mi papá para determinar el estado final de su salud. Pasaron los días y seguíamos a la espera de un donante cuyo hígado fuera compatible, tres semanas después no aparecía uno y la espera tenía que continuar lo que, según nos indicaban, podía tardar hasta un año.

Cada vez que escuchaba eso mi corazón se perturbaba, era casi imposible para nosotros esperar un año fuera de Puerto Rico, ya que la salud de mi papá cada día empeoraba y no teníamos el dinero necesario para estar tanto tiempo en los Estados Unidos. En mi mente no había lugar para aceptar que estuviese fuera de mi hogar por tanto tiempo, porque mis hijos eran pequeños y me necesitaban.

Nunca olvidaré un día especial en que me encontraba sin fuerzas por la desesperación y comencé a orar y a llorar delante de Dios. Le decía al Señor que no podía esperar un año por un donante y que era necesario que nos entregará el milagro que tanto anhelábamos en el corazón. Cuando ya no tenía fuerzas y

solo lloraba a los pies del Maestro, el Señor me mostró un hígado con alas como de ángeles descendiendo del cielo.

Mi angustia y desesperación eran tan grandes que no entendía lo que el Señor me estaba mostrando o lo que hablaba a mi vida en ese momento. Sé que muchos se pueden identificar conmigo porque en ocasiones nos dejamos arropar por la angustia y la desesperanza y no podemos ver a Dios ni oír Su voz. Para mi sorpresa, el 5 de marzo de 2016, dos días después de esta visión, Dios nos entregó el milagro en nuestras manos. ¡Gloria a Dios!

Este día apareció un donante y su hígado fue compatible con mi papá. La cirugía fue de casi nueve horas, pero puedo testificar que Dios fue el cirujano y todo salió a la perfección. Dios nunca llega tarde y siempre está en control de nuestras vidas. Solo tenemos que confiar por completo y Él se encarga del resto.

El milagro no terminó el día del trasplante, la recuperación de mi papá fue exitosa y sin complicaciones. Los médicos se asombraban y expresaban que era inusual la rapidez con que se recuperó mi papá; antes de cuatro meses ya habíamos regresado a Puerto Rico con nuestro milagro en mano. Yo solo sé que lo hizo posible Dios y si hizo este milagro en la vida de mi papá puede hacerlo en la tuya también.

Este evento fue lo que permitió que mi papá pudiera acercarse a Dios y le entregara su vida por completo, porque luego de esta cirugía él les testificaba a todos del gran milagro que le había hecho. Fue difícil sobrevivir en este desierto, pero el Señor lo utilizó para traer la vida de mi papá a Sus pies y para que una familia entera pudiera poner su fe en acción y fijara su mirada en Él sin importar las situaciones difíciles que se enfrentaban.

A mí me enseñó este desierto a confiar en Dios, aunque mis ojos físicos vean que es imposible. Gracias a él puedo afirmar con mucha fe que para Dios todo puede suceder. Nunca olvides estas palabras. *¡Aleluya!*

En los sucesos de incertidumbre que enfrentamos en nuestras vidas, es importante recordar que Dios obra con poder y que para Él no hay nada imposible. Cuando nos encontramos en medio de situaciones desconocidas, donde el futuro parece incierto y las respuestas son escasas, es natural sentir temor y preocupación, sin embargo, en esos momentos es cuando debemos elevar nuestra mirada hacia Dios y recordar Su fidelidad y poder.

Dios es capaz de obrar de maneras que superan nuestra comprensión humana. No hay desafío demasiado grande ni problema complejo para Él, Su poder trasciende nuestras

limitaciones y Su sabiduría es infinita. En medio de la incertidumbre podemos confiar que Dios está obrando en silencio, preparando el camino y abriendo puertas que ni siquiera podemos imaginar. Él tiene el control absoluto de todas las circunstancias y puede hacer lo que para nosotros parece imposible.

Cuando nos aferramos a la fe y confiamos en Dios, podemos experimentar Su poder manifestándose en nuestras vidas. Él puede transformar situaciones desesperadas en oportunidades de crecimiento y bendición, Su amor y gracia son suficientes para sostenernos y guiarnos a través de cualquier adversidad.

Es en los momentos de mayor incertidumbre cuando tenemos la oportunidad de crecer en nuestra relación con Dios, quien nos invita a confiar en Él de todo corazón y a depositar nuestras preocupaciones en Sus manos; nos promete que nunca nos dejará ni nos abandonará y que estará con nosotros en cada paso del camino. Así que en medio de la incertidumbre recordemos que para Dios no hay nada imposible, confiemos en Su poder, en Su amor y en Su sabiduría, porque, aunque no comprendamos completamente sus planes, podemos estar seguros de que está obrando a nuestro favor y tiene un propósito en cada situación.

Permitamos que la presencia de Dios nos llene de esperanza y fortaleza. Recordemos que en medio de la incertidumbre Su poder se manifiesta de manera extraordinaria. Confiemos en Él, sabiendo que en Su poder y amor encontraremos la paz y la confianza que necesitamos para enfrentar cualquier desierto.

Solo confía en Dios y Él se encargará del resto.

Un momento para reflexionar

Escribe el milagro que estás esperando de parte de Dios y saca un tiempo para presentárselo en oración. Extiende tus manos hacia adelante como un acto de fe de que pronto recibirás tu milagro. No permitas que el miedo, el temor, las preocupaciones y lo incierto arropen tu vida, solo cree en Dios y recuerda que para Él no hay nada imposible.

"Porque nada hay imposible para Dios."

Lucas 1:37 (RVR1960)

CAPÍTULO VI

El desierto del rechazo y el menosprecio

Señor, porque fijaste tus ojos en mí

"Porque lo insensato de Dios es más sabio que los hombres, y lo débil de Dios es más fuerte que los hombres. Pues mirad, hermanos, vuestra vocación, que no sois muchos sabios según la carne, ni muchos poderosos, ni muchos nobles; sino que lo necio del mundo escogió Dios, para avergonzar a los sabios; y lo débil del mundo escogió Dios, para avergonzar a lo fuerte; y lo vil del mundo y lo menospreciado escogió Dios, y lo que no es, para deshacer lo que es, a fin de que nadie se jacte en su presencia."

1 Corintios 1:25-29 (RVR1960)

Cuántas veces has cuestionado: "¿Señor, por qué me escogiste?"

Yo también le he preguntado en múltiples ocasiones a Dios por qué me llamó a ministrar a otros a través de Su palabra y de las artes (danzas), si soy débil, pecadora y he sido considerada vil y menospreciada por el mundo. Muchos me han dicho que no puedo ministrar a través de las danzas porque estoy pasada de edad, que no tengo ciertas destrezas o habilidades para hacer algunos pasos, o simplemente han expresado: "Tú no puedes, Omayra, no eres una persona de renombre o conocida por muchos para ministrar en el nombre de Dios".

He recibido rechazos de hermanos en la fe que se burlaban de mi ministerio, de mis danzas y hasta de los vestuarios que utilizaba para danzar. No te voy a mentir, esas voces externas me paralizaron en un tiempo, me llenaron de coraje, ira y frustraciones a tal extremo que le dije a Dios un día que no iba a trabajar más en Su obra. Estas burlas me llevaron a un desierto solitario, caluroso y triste, pero a la vez me motivaron a ir delante de la presencia de Dios a buscar la respuesta a la famosa pregunta: ¿Señor, por qué me escogiste?

Te puedo decir que Dios es tan maravilloso que respondió rápidamente a través de su Palabra y me mostró los siguientes versículos:

"Sino que lo necio del mundo escogió Dios, para avergonzar a los sabios; y lo débil del mundo escogió Dios, para avergonzar a lo fuerte; y lo vil del mundo y lo menospreciado escogió Dios, y lo que no es, para deshacer lo que es".

1 Corintios 1:27-28 (RVR1960)

Cuando terminé de leer estos versículos comencé a llorar como una niña pequeña. En ese instante entendí que tenía que ser obediente al llamado de Dios, quien se iba a encargar de esos que se burlaban. Reconocí de inmediato que Él no me dejaría sola y que me ayudaría a seguir adelante con el cumplimiento de mi llamado que es ministrar a través de Su Palabra y de las danzas. Le di gracias a Dios en ese momento por hablar a mi vida de una manera poderosa y por haberme escogido entre los débiles y menospreciados con un gran propósito. ¡Aleluya!

A través de este libro quiero decirte que Dios ve algo especial en ti, así como lo vio en mí. Dios te escogió con un propósito eterno, aunque seas vil, necio, débil y menospreciado por el mundo. Dios tiene un plan perfecto para tu vida, solo debes

levantarte, caminar en fe y declarar lo que dice el Salmo 138:8: "Jehová cumplirá sus propósitos en mí".

Jehová cumplirá sus propósitos porque el que comenzó la buena obra en ti, la perfeccionará (Filipenses 1:6) y si lo crees, donde quiera que te encuentres, di ¡*Amén!*

Afírmalo, decláralo con todo tu corazón y no prestes atención a los rechazos del mundo. Declara a viva voz lo siguiente: ¡Soy fuerte en Cristo Jesús!

"...pero él me dijo: «Te basta con mi gracia, pues mi poder se perfecciona en la debilidad.» Por lo tanto, gustosamente presumiré más bien de mis debilidades, para que permanezca sobre mí el poder de Cristo. Por eso me regocijo en debilidades, insultos, privaciones, persecuciones y dificultades que sufro por Cristo; porque cuando soy débil, entonces soy fuerte."

2 Corintios 12:9-10 (NVI)

Si en algún momento vives una situación como la que te he contado, si llegan voces externas a paralizar tu propósito en el Señor, comienza a adorar al Padre con todo tu corazón y ser. Dánzale con libertad, cántale con libertad, sírvele con libertad, proclama el mensaje de Salvación a otros con libertad, porque eres libre en Cristo Jesús (Juan 8:36) y fuiste creado con un propósito eterno en Dios.

Que tu adoración llegue al trono de Dios y toque Su corazón. Si Dios te ha llamado para trabajar en Su obra, obedécele, te va a respaldar en todo, no debes temer. Recuerda que somos Su instrumento y con nuestros actos vamos a modelarle a otros Su amor y poder. Recuerda que eres la HIJA y el HIJO del Dios Altísimo.

"Mas vosotros sois linaje escogido, real sacerdocio, nación santa, pueblo adquirido por Dios, para que anunciéis las virtudes de aquel que os llamó de las tinieblas a su luz admirable."

1 Pedro 2:9 (RVR1960)

Si Dios te ha llamado para trabajar en Su obra, dispón tu corazón para hacerlo en obediencia, para ser bendecido y también bendecir a otros. Aprendamos a dejar las quejas y el miedo a un lado, enfoquémonos en alabar, adorar y servir a Dios. Seamos obedientes y sigamos creyendo que Dios seguirá trabajando en quienes nos menosprecian, rechazan y hasta los que nos maldicen.

Comencemos a bendecir a estas personas y a entregarlas a Dios por medio de la oración, aunque sea difícil para nosotros hacerlo. Aprendamos a perdonar a quienes nos hieren, pero siempre declarando y creyendo que para Dios no hay nada

imposible (Lucas 1:37) y que obrará en ellos en Su tiempo y voluntad. *¡Aleluya!*

Mi Historia

Esta historia comenzó en el año 2017 cuando decidí tomar clases para aprender a tocar piano. Pensaba que el ministerio de la música era lo que Dios tenía planificado para mí, pero al pasar de los meses sentí en mi corazón que estaba equivocada. Estuve un año con esas clases y decidí no seguir hasta que el Señor me mostrara qué realmente era lo que quería.

En el año 2018 le di un giro a mi oración y le pedí al Señor que me capacitara en un ministerio para poder trabajar en Su obra. No tenía ni idea de cuál ministerio pedirle, simplemente le decía que me capacitara para estar preparada en lo que Él me asignara.

Muchas veces le presentamos a Dios un sueño, un deseo, una petición y no le especificamos los detalles de lo que realmente deseamos y cuando responde y nos da las indicaciones de qué hacer, queremos salir corriendo. Exactamente eso fue lo que quise hacer, correr y huir de Dios cuando me mostró el ministerio para trabajar: el arte a través de la danza.

Siempre me llamó la atención este ministerio. Veía a las danzoras o danzarinas de la iglesia hacer movimientos muy bonitos para adorar a Dios, me gustaban mucho los vestuarios e instrumentos que utilizaban. Cuestionaba en mi mente cómo podían danzar con esa entrega y pasión por Dios y sentí el deseo de pedir al Señor: "quiero ser como esas danzarinas", aunque no me sentía capaz de poder danzarle al Señor.

Un día, sentada en mi habitación, vi un anuncio de la Escuela de Artes Elohim en Aguada, Puerto Rico sobre el periodo de inscripción para los inicios de clases en la Danza Cristiana. De repente sentí escalofríos y escuché una voz que me dijo: "Ve y matricúlate." Quedé de una pieza porque reconocí que era la voz de Dios y comencé a quejarme; le cuestionaba por sus instrucciones, le decía que tenía dos pies izquierdos, que sería incapaz de aprender a danzar y que era mejor que me asignara otro ministerio para trabajar en Su obra.

Pasaban los días, se acercaba la fecha de la inscripción y yo en la misma actitud de inconformidad delante de Dios. Me negaba a mí misma la posibilidad de danzarle al Señor, me rompía la cabeza pensando en cómo haría para pagar las clases, ya que tenían duración de un año, y no sabía qué hacer con mis hijos porque no tenía quién me los cuidara mientras iba a estudiar.

Para mi entendimiento humano era difícil tomar estas clases, pero Dios en su inmenso amor lo tenía todo bajo control. Decidí ser obediente al Señor y me matriculé en esta escuela de Artes Cristianas. Para mi sorpresa mi esposo ofreció pagármelas por ese año y la escuela me permitió llevar a mis hijos, ya que era una iglesia el lugar donde las dictaban. Dios es fiel en todo momento, tenía todo bajo control.

Me matriculé en esta escuela de danza en agosto del 2018 y en ese mismo mes comencé mis clases. Estaba muy nerviosa, con miedos, me sentía incapaz de aprender, no tenía ningún instrumento de danza y mucho menos vestuario adecuado. Nunca había danzado en mi vida y le cuestionaba a Dios cómo lo iba a hacer.

Fueron pasando los meses, me esforzaba por aprender y practicar todo lo que me enseñaban, aprendí a confeccionarme los vestuarios, mi esposo me regaló un pandero y un abanico de danza para que practicara. Recibí mucho amor de parte de las maestras y compañeras de clases durante ese tiempo en que fui capacitada en la danza. Fue un año maravilloso en el Señor.

Recibí palabra del Señor durante ese año de que formaría un ministerio para enseñar a otros de lo que por gracia Dios me permitía aprender. Tuve encuentros sobrenaturales con Dios y fui

bendecida como jamás hubiera imaginado. Terminé la capacitación, me gradué con mucha alegría y convencida de ser capaz de lograr todo lo que me propusiera hacer delante de Dios para Su obra.

Pude afirmar durante ese año que "todo lo puedo en Cristo que me fortalece." (Filipenses 4:13 RVR1960). Cuando el Señor da instrucciones hay que obedecerle sin dudar porque Él se encarga de poner todo en orden para que Su propósito sea cumplido en nuestras vidas.

No voy a negar que tuve un año difícil, donde fui menospreciada, burlada y rechazada por muchos que me creían incapaz de danzarle a Dios. Es doloroso ver cómo hermanos de la fe se burlan, pero gracias a esas burlas, rechazos y menosprecios puedo decir que soy fuerte en Cristo Jesús.

Actualmente llevo cinco años ministrando a través de las danzas y soy más que victoriosa en Cristo. Tengo bien claro cuál es el llamado que Dios me ha hecho y es ministrar a otros en Su nombre a través de Su Palabra y las danzas. Si Dios te inquieta a capacitarte en un área específica o en un ministerio particular, no tengas miedo, solo sé obediente, porque Dios se encargará del resto. *¡A Dios sea toda la Gloria!*

Un momento para reflexionar

Te hago la siguiente pregunta: ¿Has sido descualificado en algún momento de tu vida?

Estoy segura de que todos en algún momento de nuestras vidas hemos sido descualificados por causa de algo o alguien. Puede que haya sido para:

- Entrar a la universidad deseada.
- Obtener un préstamo para la compra de una residencia.
- Obtener un préstamo para la compra de un auto.
- Ser madres o padres.
- Tratamientos de una enfermedad.
- Formar parte del ministerio en el que tanto deseas servir.

Cuando somos descualificados nos llenamos de emociones que no son agradables como la frustración, la ira, el miedo y la desesperanza. Pero tengo buenas noticias para ti, los que confían y creen en el Señor tienen esperanza. El Señor te cualifica para que recibas lo que tanto has deseado y te han descualificado. Así que ponle nombre a tu milagro en esta hora porque Dios te cualifica para que lo recibas en tus manos.

"Pondrá de nuevo risas en tu boca, y gritos de alegría en tus labios."

Job 8:21 (NVI)

La Biblia tiene un relato donde Dios cualificó a Sara y Abram para ser madre y padre en la vejez. Tengo la seguridad de que en el tiempo actual no es posible que en la vejez se pueda concebir, sin embargo, nunca debemos olvidar que para Dios no hay nada imposible; Dios te cualifica para lo que el hombre te descualifica. Cuando Dios da instrucciones celestiales de que se te entregue tu milagro, no hay nada en este mundo que te lo quite. Así que ponle nombre a tu milagro.

Te reto a escribir en este espacio lo que tanto anhelas que el Señor entregue en tus manos. Declara con tu boca que lo recibirás por fe en Su nombre muy pronto. No dudes, no tengas miedo, solo confía que el tiempo de Dios es perfecto y te entregará tu milagro en el momento correcto.

Un consejo que te voy a brindar: no escuches esas voces externas a tu alrededor que quieren paralizar el cumplimiento de tu propósito en el Señor. Haz oídos sordos y deja que Dios las silencie.

Te aseguro que no te arrepentirás...

CAPÍTULO VII

Una bendición recibida en medio del desierto

Yo danzo para el Rey

"Todo lo que respire alabe a Jehová."

Salmos 150:6 (RVR1960)

Como mencionaba en el capítulo anterior, siempre he sentido una gran admiración por el ministerio de danzas, admiraba su vestuario, instrumentos y sobre todo su entrega y amor a Dios. Sin embargo, lejos de mi mente estaba que para poder danzarle al Señor era necesario una preparación en el estudio de la Palabra, tener un tiempo de ayuno, de oración y de intimidad con el Padre, además de preparación física y largos ensayos en la danza cristiana.

Todo esto me llevó a preguntarme:

¿Qué es la danza cristiana?

La danza es un lenguaje corporal que utilizamos para expresarle a Dios cuánto le amamos. Se realizan hermosos movimientos con las manos, los pies y todo el cuerpo, que pueden estar acompañados de diferentes instrumentos como el pandero y el manto. A través de este lenguaje sin palabras, alabamos a Dios con el corazón y podemos llevar un mensaje poderoso a otros en el nombre de Jesús.

Al danzar:

- Adoramos, alabamos, honramos y glorificamos el nombre de Cristo.
- Ministramos a un pueblo en el nombre de Jesús.

- Declaramos sanidad y liberación a un pueblo en el nombre de Jesús.
- Expresamos nuestro amor a Dios.
- Agradecemos al Señor por todo lo que ha hecho por nosotros.
- Reflejamos el poder y la autoridad de Dios.
- Creamos una atmósfera de conexión con el Padre.
- Hacemos guerra espiritual.
- Intercedemos por un pueblo.
- Sentimos libertad.
- Expresamos arrepentimiento cuando pecamos o actuamos en desobediencia delante Dios.

Muchas personas se hacen la pregunta: ¿Puedo danzar para Dios? La respuesta la encontramos en el Salmo 150:6 (RVR1960) que dice: "Todo lo que respira alabe a JAH..." Esto significa que mientras se esté respirando y se tenga vida no hay limitaciones para poder danzarle a Dios con amor, entrega, pasión y libertad.

¿Qué es ser un danzor(a)?

- Un adorador que entrega su vida por completo a Dios.
- Un instrumento de Dios.
- Un ministro de Dios.

- Un sacerdote de Dios.

- Un servidor del Padre, porque separa su vida para la obra de Dios.

- Un intercesor por las necesidades del pueblo.

"Mas la hora viene, y ahora es cuando los verdaderos adoradores adorarán al Padre en espíritu y en verdad; porque también el Padre tales adoradores busca que le adoren."

Juan 4:23 (RVR1960)

La preparación y formación de un adorador (danzor(a)) no es solo aprender la técnica, rutinas y movimientos de la danza. La preparación principal que debe tener un adorador es en el conocimiento de la Palabra de Dios.

"Porque la palabra de Dios es viva y eficaz, y más cortante que toda espada de dos filos; y penetra hasta partir el alma y el espíritu, las coyunturas y los tuétanos, y discierne los pensamientos y las intenciones del corazón."

Hebreos 4:12 (RVR1960)

Antes de comenzar a danzar, con instrumento o sin él, un adorador debe encomendarse al Padre y al Espíritu Santo para que le guíen y le muestren las necesidades del pueblo. De esta forma podrá interceder correctamente en el nombre de Jesús cuando ministre a otros. Además, debe tener presente que es

necesario llevar una vida de oración, ayuno, del estudio de la Palabra y de una relación íntima con el Padre.

Un adorador debe tener las siguientes cualidades:

- Amar a Dios sobre todas las cosas.
- Tener un compromiso genuino con Dios.
- Desear servir a Dios y Su obra.
- Ser obediente.
- Reflejar el amor de Dios a otros.
- Ser valiente para hacer guerra espiritual e interceder por otros.
- Tener un corazón puro como el de Jesús.
- Transmitir gozo, paz, júbilo y alegría en Cristo a la congregación.
- Ministrar a un pueblo en necesidad.
- Declarar sanidad y liberación al pueblo.
- Vivir en santidad.
- Danzar y adorar con libertad.
- Danzar con entendimiento.
- Danzar con unidad a los hermanos de su ministerio.

Es importante que cada adorador se realice un autoanálisis para que pueda determinar si tiene las cualidades

correctas para ser un verdadero adorador. Si entiende que necesita mejorar en un área, debe pedirle a Dios dirección y sabiduría para que le guíe en el proceso de rectificar.

"Y si alguno de vosotros tiene falta de sabiduría, pídala a Dios, el cual da a todos abundantemente y sin reproche, y le será dada."

Santiago 1:5 (RVR1960)

Las herramientas del adorador son:

- Oración:

"Por nada estéis afanosos, sino sean conocidas vuestras peticiones delante de Dios en toda oración y ruego, con acción de gracias. Y la paz de Dios, que sobrepasa todo entendimiento, guardará vuestros corazones y vuestros pensamientos en Cristo Jesús."

Filipenses 4:6-7 (RVR1960)

- Ayuno:

"Pero tú, cuando ayunes, unge tu cabeza y lava tu rostro, para no mostrar a los hombres que ayunas, sino a tu Padre que está en secreto; y tu Padre que ve en lo secreto te recompensará en público."

Mateo 6:17-18 (RVR1960)

- Palabra de Dios:

"Porque la palabra de Dios es viva y eficaz, y más cortante que toda espada de dos filos; y penetra hasta partir el alma y el espíritu, las coyunturas y los tuétanos, y discierne los pensamientos y las intenciones del corazón."

Hebreos 4:12 (RVR1960)

- Alabanza y adoración:

"Alabad a Dios en su santuario;

Alabadle en la magnificencia de su firmamento.

Alabadle por sus proezas;

Alabadle conforme a la muchedumbre de su grandeza.

Alabadle a son de bocina;

Alabadle con salterio y arpa.

Alabadle con pandero y danza;

Alabadle con cuerdas y flautas.

Alabadle con címbalos resonantes;

Alabadle con címbalos de júbilo.

Todo lo que respira alabe a JAH. Aleluya."

Salmo 150 (RVR1960)

- Armadura de Dios:

"Por lo demás, hermanos míos, fortaleceos en el Señor, y en el poder de su fuerza. Vestíos de toda la armadura de Dios, para que podáis estar firmes contra las asechanzas del diablo. Porque no tenemos lucha contra sangre y carne, sino contra principados, contra potestades, contra los gobernadores de las tinieblas de este siglo, contra huestes espirituales de maldad en las regiones celestes. Por tanto, tomad toda la armadura de Dios, para que podáis resistir en el día malo, y habiendo acabado todo, estar firmes.

Estad, pues, firmes, ceñidos vuestros lomos con la verdad, y vestidos con la coraza de justicia, y calzados los pies con el apresto del evangelio de la paz. Sobre todo, tomad el escudo de la fe, con que podáis apagar todos los dardos de fuego del maligno. Y tomad el yelmo de la salvación, y la espada del Espíritu, que es la palabra de Dios; orando en todo tiempo con toda oración y súplica en el Espíritu, y velando en ello con toda perseverancia y súplica por todos los santos."

Efesios 6:10-18 (RVR1960).

Le doy gracias a Dios por despejar todas mis dudas; pude entender con claridad qué es la danza cristiana y lo que es ser un verdadero adorador. Nunca olvides que no hay nada que te pueda

impedir adorar al Señor, puedes hacerlo por medio de los cánticos, las danzas, levantando las manos o simplemente elevando tu mirada al cielo para contemplar la hermosura de Dios a través del inmenso cielo azul. Mientras tengas vida, posees todo lo necesario para adorar y alabar a Dios con amor, entrega, gozo y libertad. *¡Gloria a Dios!*

Momentos De Intimidad Con Dios

Te exhorto a través de este libro a ser un verdadero adorador del reino celestial y te invito a poner en práctica los siguientes pasos:

1. Entra en tu aposento. Saca un tiempo a diario para estar a solas con el Padre. Aprovecha para conectarte con Dios. Entrégale tu vida, tu corazón, tu ministerio, tus danzas, tus planes, tus sueños y todo lo que quieras hacer delante del Señor.

2. Cierra la puerta. Cuando cierres la puerta de tu habitación deja a un lado todo lo que te distraiga de estar en la presencia de Dios. Deja tus cargas, tus preocupaciones, tus miedos, tus problemas en las manos del Padre y disfruta de Su presencia.

3. Ora a tu Padre que está en secreto. Aprovecha este tiempo a solas con Dios para alabarle, darle tu mejor adoración y escuchar Su dulce voz.

4. Cántale, dánzale, envuélvete en sus brazos y deja que Dios toque tu vida y tu corazón de una manera especial. Te aseguro que el Padre que te ve en lo secreto te recompensará en público.

- Derrama tu corazón a los pies del Maestro en este tiempo de intimidad.

- Cuando salgas de tu aposento de estar a solas con Dios comparte con otros la bendición que Dios ha impartido a tu vida.

"Mas tú, cuando ores, entra en tu aposento, y cerrada la puerta, ora a tu Padre que está en secreto; y tu Padre que ve en lo secreto te recompensará en público."

Mateo 6:6 (RVR1960)

_____

Mi Historia

_____

Te quiero contar una de mis historias favoritas, una que me llena de mucho gozo y alegría. Esta historia se desarrolla en un

desierto mundial muy caluroso y desesperante. En un momento dado pensé que este lugar nunca se convertiría en tierra fresca y fértil, pero me equivoqué, Dios me bendijo de una manera especial en este desierto y fue el comienzo de una gran temporada en mi vida.

El 29 de febrero de 2020 asistí con mi amiga Migdalia a un congreso para adoradores de la Iglesia Bautista en Aguadilla, Puerto Rico y fue de gran bendición a nuestras vidas. Había adoradores de todas partes del país, se sentía un hermoso mover del Espíritu Santo y experimentamos una gran unidad, pues teníamos un mismo fin, que era adorar al Rey con todo nuestro ser.

Durante ese congreso, mientras danzaba, se me acercó una pastora que no conocía para darme una palabra de parte de Dios. Ella puso su mano sobre mi pecho y me dijo: "Hoy Dios pone en tu corazón nuevos pasos de danza porque pronto irás a las naciones a ministrar en Su nombre." Cuando la pastora terminó de hablarme la abracé y le di las gracias por dejarse usar por Dios.

Mi amiga Migdalia escuchó lo que me dijo esa pastora y me animó a comenzar a ahorrar dinero para esos viajes que se acercaban. Lo que yo no imaginaba era que comenzaría a viajar

por el mundo varias semanas después que me entregaran esa palabra de parte de Dios, y sin tener que tomar un avión. ¡Aleluya!

Dos semanas luego comenzó en mi país una temporada calurosa en el desierto causada por el COVID 19. Este desierto fue una fuerte pandemia que atacó a todos en el mundo y Puerto Rico no fue la excepción. Por causa de esta pandemia todos teníamos que estar en los hogares en un encierro (lock down) bien restringido por el gobierno y el Departamento de Salud. No me acostumbraba a ese confinamiento en mi hogar con mi familia, no podía visitar a mis otros familiares, no podía ir a la iglesia y no podía hacer lo que tanto me apasionaba hacer delante del Señor que era danzar.

Pasaron los días y el COVID19 seguía atacando el mundo. Una noche de ese encierro el Señor comenzó a hablar a mi vida y me confrontó con las siguientes preguntas: "¿Qué te impide adorarme?" "¿Qué te impide danzarme con tu corazón?" Y el Señor me mostraba el Salmo 150:6 que dice: "Todo lo que respira alabe a JAH..." En ese momento entendí que mientras se esté respirando y se tenga vida no hay limitaciones para poder adorar a Dios y danzarle con amor, entrega, pasión y libertad.

Así que decidí pasar mis días danzando y adorando a Dios en el patio de la casa. Cada vez que lo hacía me sentía libre y llena

de mucha paz, no en un encierro por la pandemia; al contrario, ese danzar se convirtió en mis encuentros con el Amado. Un día sentí de parte de Dios grabar estas danzas para compartirlas por las redes sociales. Mi hijo Adriel me ayudaba a grabar ya que para ese tiempo no era muy diestra en la tecnología ni en los aparatos electrónicos. Al momento de compartir esas danzas pregrabadas las acompañaba con versículos bíblicos para ministrar a otros en el nombre de Jesús.

Nunca voy a olvidar la primera danza pregrabada que compartí por las redes sociales. La canción que utilicé fue: "Es por tu gracia" del cantante Jesús Adrián Romero. La publiqué una noche y cuando me levanté en la mañana no podía creer todos los comentarios y testimonios que había recibido. Pero no solo eso, sino que tenía 500 solicitudes para amistad a través del Facebook. Mi hijo y yo no creíamos lo que estaba pasando, hasta me asusté, pensé que era irreal, un engaño o hasta una broma. Pero en realidad todo era cierto y estaba en los planes del Señor.

Esta experiencia me enseñó que Dios obra por senderos misteriosos, que Su tiempo es perfecto y está en control de todo. Cada día recibía mensajes hermosos de personas de todas partes del mundo dando testimonio de cómo Dios tocaba sus vidas a través de mis danzas. Estos mensajes me motivaron a seguir

ministrando por mucho tiempo en el nombre de Jesús durante ese desierto llamado COVID19.

Esta fue una experiencia inolvidable, no eran solo mensajes y testimonios los que recibía, también invitaciones de otros ministerios internacionales para unirme a ellos a ministrar a través de la Palabra de Dios y de las danzas de forma virtual. Al principio me ponía super nerviosa, hasta que fui madurando y sintiéndome en confianza. Ahora ya no siento temor ni miedo de poder hablar del Señor y ministrar a través de Su palabra y las danzas.

Algunos de estos ministerios fueron: "Ministerio de Danza Internacional Serafines" de Santo Domingo, "Ministerio Llamadas para Adorar" de Chile y "Ministerio Elunei" de Argentina. De estos ministerios el que más tocó mi vida y con quienes pude compartir hermosas experiencias en el Señor en esa temporada fue el "Ministerio Elunei" con el pastor Guillermo y la Pastora Micaela.

Agradezco a Dios por estos ministerios que me hicieron parte de ellos por mucho tiempo, aun siendo de otro país. Nunca imaginé que en medio de esta pandemia el Señor me llevaría a diferentes partes del mundo a ministrar por medio de Su palabra y de las danzas sin tener que subirme en un avión. ¡A Dios sea toda la Gloria!

"Pues yo sé los planes que tengo para ustedes—dice el Señor—. Son planes para lo bueno y no para lo malo, para darles un futuro y una esperanza."

Jeremías 29:11 (NTV).

Luego de varios meses danzando desde el patio de mi casa y compartiendo con otros ministerios de forma virtual, el Señor entregó en mis manos un hermoso ministerio de danza llamado: "Yo danzo para El Rey". Lo que pensé que era un desierto destructor (COVID19) Dios lo utilizó para formarme y acercarme a Él para que estuviera preparada a recibir lo que me entregaría.

A través de este ministerio he compartido por diferentes medios de comunicación y plataformas digitales de la palabra de Dios temas relacionados con la danza cristiana y tutoriales sobre el uso de diversos instrumentos. Ha sido una experiencia hermosa dar por gracia lo que por gracia el Señor me permitió recibir. Es un gozo compartir enseñanzas en el Señor y en Su palabra a través de la danza y experiencias personales.

Gracias a Dios llevo tres años trabajando en este ministerio y puedes encontrarme en las plataformas de Facebook (Yo danzo para El Rey), Instagram (yodanzoparaelrey), Tik Tok (@yodanzoparaelrey) y por el canal de enseñanza en YouTube (Yo danzo para El Rey). También puedes adquirir el manual educativo

de la danza cristiana: "Yo danzo para El Rey" a través de Amazon en un formato impreso y digital. En este manual encontraras todo sobre la danza cristiana. *¡Dios es bueno!*

Además de trabajar en mi ministerio de danza: "Yo danzo para El Rey", en el año 2021 decidí seguir capacitándome en las artes cristianas e ingresé a la Escuela Internacional de Danzas: "Llamadas para Adorar", donde culminé con tres módulos de clases teóricas y prácticas como requisito para ser parte de la primera generación graduada de esta escuela.

Ese mismo año comencé a ser maestra de danza cristiana en la Academia Danzores de las Naciones y aún sigo siendo parte de esta gran familia en Cristo. Enseño allí sobre los fundamentos bíblicos, posiciones, movimientos y rutinas de los diferentes instrumentos de la danza cristiana tales como el pandero, el abanico, la bandera, la vara, los palos de guerra y otros. Esta academia es de República Dominicana, su directora es la señora Rosmery Grullón, pero las maestras y alumnas son de todas partes del mundo. No solo es una academia sino una gran familia en Cristo. *¡A Dios sea toda la Gloria!*

Pido a Dios todos los días que me use como un instrumento en Sus manos a través de los ministerios a los que pertenezco y que me guíe por medio del Espíritu Santo en este

caminar. Anhelo de todo corazón bendecir vidas en el nombre de Jesús todos los días.

Quiero animarte a través de mi historia a seguir capacitándote en la obra de nuestro amado Dios. Él nos ha dado dones y talentos únicos para utilizarlos en la adoración y alabanza a Su nombre, pero no debemos conformarnos con lo básico o estancarnos en lo que ya conocemos.

Dios anhela que demos lo mejor de nosotros en cada acto de adoración. Él merece nuestra excelencia, nuestro esfuerzo y nuestra dedicación. Por eso te invito a embarcarte en un viaje de crecimiento y aprendizaje continuo en la adoración, porque cada aprendizaje es como un viaje a la Presencia del Señor.

En la danza dejemos que nuestros movimientos reflejen la belleza y la gracia de Dios. Busquemos mejorar nuestra técnica, aprendiendo nuevos pasos y estilos que nos permitan expresar nuestra reverencia y entrega de manera más impactante. Que cada movimiento sea una ofrenda de amor y devoción al Señor.

No olvidemos que la capacitación también abarca otros aspectos de la adoración como el estudio de la Palabra de Dios y el crecimiento espiritual. Profundicemos en el conocimiento de las Escrituras, buscando entender la naturaleza y los atributos de

nuestro Dios, permitamos que Su Palabra transforme nuestras vidas y expresiones de adoración.

Recuerda, querido adorador, el deseo de Dios es que demos lo mejor de nosotros en todo lo que hacemos. Él merece nuestra entrega total y dedicación constante. No nos conformemos, busquemos siempre crecer y superarnos en la obra que nos ha sido encomendada.

El camino de la capacitación puede ser desafiante, pero vale la pena. A medida que nos esforcemos por mejorar, veremos cómo nuestras expresiones de adoración se vuelven más auténticas, más poderosas e impactantes para la vida de quienes nos rodean. Que nuestro deseo sea siempre darle a Dios lo mejor que tenemos, que nuestras vidas se conviertan en una constante ofrenda de adoración y reflejen la excelencia y el amor de nuestro Padre celestial.

¡Ánimo, adoradores! El camino de la capacitación nos espera y Dios nos respaldará en cada paso que demos. Avancemos creciendo en gracia y en el conocimiento de nuestro Señor para darle la excelencia que Él merece en cada acto de adoración.

¡Que nuestras vidas se conviertan en una hermosa sinfonía de adoración y que nuestro testimonio inspire a otros a seguir capacitándose en la obra de Dios! *¡Gloria a Dios!*

Un momento para reflexionar

Dedica un tiempo a la intimidad con Dios para adorarle con libertad, entrega, pasión y amor. En esos minutos puedes cantarle, danzarle, escuchar una canción o simplemente derramar tu corazón a los pies del Maestro. Luego de estar a solas con el Señor, escribe cómo fue tu experiencia. Confío y creo que este tiempo con Dios será un tiempo hermoso en Su presencia.

¡Alábenlo danzando al son de panderos!

¡Alábenlo con flautas e instrumentos de cuerda!

Salmos 150:4 (DHH)

_____

_____

_____

_____

_____

_____

_____

CAPÍTULO VIII

Fiesta en el desierto

Canto, bailo y danzo con Jesús en el desierto

"Después de eso, Moisés y Aarón se presentaron ante el faraón y dijeron:

—Así dice el SEÑOR, Dios de Israel: "Deja ir a mi pueblo para que celebre en el desierto una fiesta en mi honor."

Éxodo 5:1 (NVI)

En el transcurso de la vida pasamos por procesos difíciles, aflicciones que, como he dicho antes, se pueden comparar con un desierto que tendremos que enfrentar mientras estemos en este mundo. Sin embargo, tenemos la capacidad de decidir cómo enfrentar estas pruebas, algunos deciden pasarlas llorando, con pensamientos de desánimo o derrota, y otros deciden bailar, cantar, sonreír y adorar a Dios por la existencia. Te pregunto para que te analices, así como lo hice yo: Cómo quieres enfrentar tus desiertos ¿bailando, cantando o llorando con una actitud de derrota?

En los desiertos no se hacen fiestas; suena ilógico que alguien desee celebrar su boda o su cumpleaños en un desierto. El desierto es un lugar de batallas, de guerras, de desesperanza y en ocasiones pareciera ser un sitio de muerte. Quiero decirte que en el mejor lugar donde puedas estar viviendo es en el desierto porque te convierte en una persona indestructible e imparable en el Señor.

Prepárate y saca tu mejor vestido para que puedas ir a la fiesta en el desierto porque el anfitrión se llama Jesús, te está esperando, y te va a recibir con los brazos abiertos para festejar juntos tus victorias. Vivir en el desierto puede ser lo peor, pero cuando Dios da la orden de que salgas de allí, debes levantarte y vestir tus mejores galas para festejar antes de marcharte.

No dejes que el desierto te llene de odio, resentimiento y emociones que no agradan a Dios. Dile a ese desierto que no vas a cambiar tu esencia en Cristo, sigue adorando y alabando a Dios en el desierto; baila, canta y sonríele a Dios, aunque estés sin fuerzas. Sigue esparciendo la Palabra de Dios y Su mensaje de salvación a otros aun desde el desierto.

Prepárate para dar buenos frutos en Cristo independientemente del terreno seco y caliente. Si tu situación económica cada día se pone peor, baila en el desierto, si los problemas familiares no se resuelven, canta en el desierto, si tus hijos están descarriados de los caminos del Señor, festeja en el desierto con Jesús.

Dios quiere que le adores, que seas productivo sin importar la oscuridad que estés viviendo, quiere que seas luz en medio de las tinieblas. Todos pasamos por los desiertos, pero te tengo una gran noticia, no morirás, sino que vivirás para contar las maravillas de Dios porque Él es más grande y poderoso que tus desiertos y siempre cumple Sus promesas. Me llama mucho la atención Éxodo 5:1 que dice lo siguiente:

"Después de eso, Moisés y Aarón se presentaron ante el faraón y le dijeron:

—Así dice el Señor, Dios de Israel: "Deja ir a mi pueblo para que celebre en el desierto una fiesta en mi honor".

En este pasaje bíblico se narra cuando Moisés y Aarón se presentaron delante del faraón de Egipto para transmitirle el mensaje de Dios. En esta ocasión ellos pidieron que el pueblo de Israel fuera liberado para celebrar una fiesta en el desierto en honor a Dios. Me imagino la cara del faraón al escuchar esta petición tan ilógica. Eso me hace reflexionar en que no tenemos que entender los pensamientos de Dios, porque sus pensamientos no son como los nuestros, solo nos corresponde creer y confiar en Él.

"Porque mis pensamientos no son vuestros pensamientos, ni vuestros caminos mis caminos, dijo Jehová. Como son más altos los cielos que la tierra, así son mis caminos más altos que vuestros caminos, y mis pensamientos más que vuestros pensamientos."

Isaías 55:8-9 (RVR1960)

La solicitud de Moisés y Aarón revela un aspecto fundamental de la relación entre Dios y su pueblo. Dios no solo estaba interesado en liberar a los israelitas de la esclavitud, también deseaba que ellos pudieran adorarlo y celebrar Su presencia. La fiesta en el desierto representaba un tiempo de encuentro y comunión entre Dios y su pueblo. Podemos apreciar

a través de este versículo la importancia de la adoración y la celebración en nuestra propia vida espiritual.

Al igual que el pueblo de Israel, también podemos experimentar momentos de liberación en diferentes aspectos de nuestra existencia. Sin embargo, no debemos olvidar que la adoración y la celebración son elementos esenciales para mantener una conexión íntima con Dios. Por medio de la adoración expresamos gratitud, reverencia y reconocimiento hacia nuestro Creador, nos ayuda a recordar quién es Dios y cuánto nos ama. La celebración, por su parte, nos permite regocijarnos en las bendiciones recibidas y en la fidelidad de Dios en nuestras vidas.

Así como Moisés y Aarón intercedieron ante el faraón, nosotros también podemos presentarnos ante Dios en oración y pedirle que nos conceda momentos de adoración y celebración en los cuales podamos experimentar Su presencia de manera más profunda.

Hoy es un buen día para decirle a tu enfermedad, a tu situación económica, a la relación con tus hijos o cualquier momento difícil que estés viviendo, que te vas a festejar en el desierto, a cantar, a bailar y a reír con el mejor anfitrión de la fiesta que se llama Jesús.

El Señor nos invita a festejar en el desierto durante los procesos porque Él cambia nuestro lamento en baile. Te animo a no perder esta oportunidad. *¡Gloria a Dios!*

"Has cambiado mi lamento en baile; Desataste mi cilicio, y me ceñiste de alegría."

Salmos 30:11 (RVR1960)

Mi Historia

La historia que te voy a contar ha tenido un impacto muy importante en mi vida. Puedo decir con seguridad que antes y después de ella las cosas cambiaron; recordaré este evento de una manera especial y anhelo compartirlo contigo porque será de bendición para ti, igual que lo fue para mí. Espero que puedas disfrutarla al máximo.

El 21 de noviembre de 2022 asistí a una de las mejores fiestas en el desierto, Dios fue el anfitrión y me estaba esperando para bailar. Todo comenzó temprano en la mañana cuando acompañé a mi amiga Keyla para servir como ujier en el bautismo de los confinados del país en la Iglesia El Sendero de la Cruz en San Juan, PR. Esta actividad estaba organizada por la psicóloga

Dra. Lis Milland y su equipo de trabajo de Misión Avivamiento, en las cárceles de Puerto Rico.

Cuando llegamos a la iglesia nos acomodaron en el área donde estaríamos de ujieres. La realidad es que estaba muy nerviosa porque nunca había participado en una actividad como esta. También me sentía desanimada porque estaba pasando por un desierto y luchaba con mis emociones debido a que en esos días recibí rechazo de algunas integrantes de un ministerio de danza al que pertenecía.

Se burlaban de mis danzas y mis vestuarios, se negaban a danzar conmigo y me llamaban "la lucia y la echona" (sobrenombres de mal gusto en mi país para una persona que cree saberlo todo). Por causa de estas burlas me bajé del altar varias veces para llorar en una esquina sin que nadie se diera cuenta; no entendía el comportamiento de estas hermanas y ellas terminaron rompiendo mi corazón en pedazos.

Volviendo a mi historia, mientras esperábamos a que los presidiarios llegaran a la actividad se me acercó la doctora Milland y me preguntó a qué me dedicaba. Le respondí que daba clases de danza cristiana en una academia online para diferentes partes del mundo. Cuando ella me preguntó, si quería danzar para la

apertura de la actividad, ¡Por poco me infarto! En unos segundos comenzaron a llegar preguntas a mi mente como las siguientes:

¿Por qué yo, Señor?

¿Seré capaz de ministrar a través de la danza a estos confinados?

¿Qué canción podría danzar en una iglesia llena de presidiarios y de guardias de corrección?

Y no solo me hice estas preguntas, sino que le dije al Señor a gritos desde mi interior que tenía mucho, pero mucho miedo. Comencé a sudar de los nervios, pero le respondí a la doctora Milland que lo haría. ¡Cómo decir que no cuando el Señor me ha llamado a ministrar a otros en su nombre a través del arte y la danza!

En una esquina, sin que nadie me viera, me arrodillé a orar. Le pedí al Señor que me mostrara la canción que debía danzar y los pasos, le suplicaba que me utilizara como un gran instrumento en Sus manos. Sabía que esos presidiarios necesitaban de Dios y que estaban viviendo en un caluroso desierto, así como yo.

Decía al Señor en mi oración que me diera fuerzas porque me sentía tan débil física y mentalmente que no me creía capaz

de danzar en ese momento, pero Dios tenía la fiesta preparada y estaba en control de todo lo que estaba sucediendo en ese lugar.

Como no iba arreglada para danzar me llevaron al segundo piso de la iglesia a un enorme cuarto donde había vestidos de danza de muchos colores, todos estaban hechos a mi medida, así que sabía que Dios me había elegido para estar en ese lugar, a esa hora, con un propósito en Él.

Elegí un hermoso vestido gris con lentejuelas rojas en la parte de arriba, tomé un manto rojo y bajé al altar para esperar que comenzara la ceremonia. La canción que el Señor puso en mi corazón fue: "Algo grande vendrá" y antes de comenzar a danzar me comuniqué con mi pastor el Reverendo Nelson Gutiérrez para que orara por mí y me enviara su bendición en el nombre de Jesús aun a la distancia.

Cuando estuve parada en el enorme altar de la iglesia para danzar frente a doscientos confinados y una muralla humana de guardias de corrección, creí que me desmayaba, pero algo comenzó a fluir, una paz inmensa que entraba por mi cabeza hasta tocar la punta de los pies, y no solo esto, sino que sentía que en mi interior corrían ríos de agua viva. Eso me indicaba que el Espíritu Santo estaba en ese lugar, pero sobre todo manifestándose dentro de mí. *¡Aleluya!*

Comencé a danzar con toda la autoridad del cielo y te puedo decir que sentía una fuerza sobrenatural que movía cada parte de mi cuerpo. Lo más impactante fue ver a los confinados adorando al Señor con libertad y gozo mientras yo danzaba. Muchos comenzaron a llorar, otros levantaban sus manos, algunos se pusieron de pie para aplaudir al Señor y todos adoraban a viva voz. En aquel lugar hubo una gran fiesta en el desierto, donde todos pudimos bailar, llorar, reír y disfrutar en la presencia del Señor de una manera sobrenatural.

Nunca olvidaré ese escenario donde pude ver que en medio del encierro, como es una cárcel donde no hay libertad, estas personas eran libres en Jesús. Aquellos presidiarios en ese día ministraron mi vida de una manera poderosa y me enseñaron que en Cristo hay libertad, sin importar las condiciones de vida que se tengan que enfrentar.

Salí de aquel lugar llena, liberada, ministrada y con fuerzas nuevas para seguir adelante caminando en fe, agarrada de la mano del Señor, decidida a cumplir con el llamado de Dios que es llevar el mensaje de salvación a otros a través de Su palabra y las danzas, con la seguridad de que Dios me respalda y pone todo en orden cuando me da esta asignación o encomienda en Su nombre.

Cuando bajé de aquel altar comencé a recibir testimonios de las personas que estaban en ese lugar, me expresaban cómo Dios les habló a través de mi danza. Cuando obedecemos a Dios somos bendecidos y la bendición que recibimos podemos darla a otros. Viviré agradecida con Dios por haberme invitado a Su fiesta y haber bailado conmigo a tal extremo que fui liberada. Solo me resta decir que a Dios sea toda la Gloria. *¡Aleluya!*

Quiero compartir contigo algo especial acerca de esta foto en la que estoy danzando durante la fiesta de Jesús en el desierto. Ese manto rojo simboliza la sangre de Cristo que fue derramada en la cruz por ti y por mí. Ese día, mientras danzaba y se escuchaba

en toda la iglesia que algo grande estaba por suceder, pude declarar con todo mi corazón y con la autoridad de Dios que todos estábamos cubiertos por la preciosa sangre del Cordero. ¡Gloria a Dios!

Hoy, en el nombre de Jesús, quiero declarar que tú, quien estás leyendo este libro, también estás cubierto por la Sangre de Cristo. ¡Aleluya!

Un momento para reflexionar

Quiero retarte en este momento a que cierres la puerta de tu cuarto, pongas la música que te gusta e invites a Jesús a bailar en la intimidad de tu habitación; que en este baile sean solo Jesús y tú. Suena un poco extraño lo que te motivo a hacer, pero es una experiencia inolvidable y maravillosa. No te arrepentirás, te lo puedo decir por experiencia. Escribe qué canción elegiste y cómo te sentiste luego de bailar con Jesús.

"Has cambiado mi lamento en baile; Desataste mi cilicio, y me ceñiste de alegría."

Salmos 30:11 (RVR1960)

Escribe tu experiencia de alguna fiesta en el desierto que hayas estado con Jesús. Detalla cómo fue y lo que más te gustó de ella.

"Que se alegre el desierto, tierra seca; que se llene de alegría, que florezca, que produzca flores como el lirio, que se llene de gozo y alegría.

Dios lo va a hacer tan bello como el Líbano, tan fértil como el Carmelo y el valle de Sarón.

Todos verán la gloria del Señor, la majestad de nuestro Dios."

Fortalezcan a los débiles, den valor a los cansados, digan a los tímidos:

«¡ánimo, no tengan miedo!

¡Aquí está su Dios para salvarlos,

y a sus enemigos los castigará como merecen!»

Isaías 35:1-4 (DHH)

CAPÍTULO IX

Dios me habla en el desierto

La mejor parte es estar a los pies del Maestro escuchando su voz

---

"Él contestó:

—¡Dichosos más bien quienes escuchan lo que Dios dice, y lo obedecen!"

Lucas 11:28 (DHH)

Estoy segura de que nos hemos sentido solos en un desierto callado, caluroso y desesperante. Dios permite que lleguemos a estos desiertos silenciosos para que podamos escuchar Su voz. Siempre queremos oír y entender lo que Dios quiere hablar a nuestras vidas, pero hacemos tanto ruido con nuestros reclamos y quejas que se nos imposibilita escucharlo.

Dios quiere que le oigamos, pero estamos tan ocupados quejándonos o afanados por las situaciones que nos olvidamos de hacer silencio para escucharlo. Sin duda Dios permite que lleguemos a los desiertos de la vida para poder hablar a nuestros corazones, porque en ocasiones es la única forma de que le prestemos atención.

"Por tanto, he aquí yo la atraeré y la llevaré al desierto, y hablaré a su corazón."

Oseas 2:14 (RVR1960)

Este versículo hace referencia a la relación de Dios con su pueblo Israel utilizando la metáfora del desierto. Aquí Dios promete atraer a su pueblo al desierto, un lugar aparentemente inhóspito y solitario, sin embargo, es en ese sitio apartado donde Dios se comunica directamente con ellos, hablando a su corazón.

En el contexto bíblico, el desierto es un lugar donde Dios a menudo se revela y habla a las personas, se convierte en un

espacio de encuentro íntimo y personal. La frase "Dios me habla en el desierto" que muchos mencionan, puede aludir a la experiencia espiritual de estar en tiempo de soledad, dificultad o incertidumbre, donde nos sentimos alejados de la presencia de Dios. Pero es precisamente en esos momentos cuando nos encontramos en disposición de escuchar a Dios, donde puede hablarnos de manera especial, consolarnos, guiarnos y fortalecernos.

También este versículo nos recuerda que no importan las circunstancias, incluso en los tiempos más áridos y desolados de nuestra vida, Dios tiene la capacidad de hablarnos y transformar nuestra experiencia. Él puede encontrar caminos para comunicarse con nosotros y revelarnos Su amor, Su voluntad y Su dirección.

Al escuchar la palabra queja y afán, Dios trae a mi memoria la siguiente historia de la Biblia que toca mi corazón y se encuentra en Lucas 10:38-42 (RVR1960):

"Aconteció que, yendo de camino, entró en una aldea; y una mujer llamada Marta le recibió en su casa. Esta tenía una hermana que se llamaba María, la cual, sentándose a los pies de Jesús, oía su palabra. Pero Marta se preocupaba con muchos quehaceres, y acercándose, dijo: Señor, ¿no te da cuidado que mi

hermana me deje servir sola? Dile, pues, que me ayude.
Respondiendo Jesús, le dijo: Marta, Marta, afanada y turbada
estás con muchas cosas. Pero solo una cosa es necesaria; y María
ha escogido la buena parte, la cual no le será quitada".

Marta representa la actitud de ocuparse y preocuparse por las tareas y responsabilidades cotidianas; es una persona activa, diligente y preocupada por el servicio a los demás. Por otro lado, María representa la actitud de contemplación, atención y disposición a escuchar la palabra de Jesús.

En este relato Jesús destaca la elección de María como la mejor. No es que el servicio y la ocupación de Marta sean malos en sí mismos, sino que Jesús valora la disposición de María de sentarse y estar presente, dedicando tiempo y atención a Su enseñanza. En otras palabras, María se estaba llevando la mejor parte de la visita de Jesús que era estar a sus pies escuchando la voz del Maestro.

Esta historia nos invita a reflexionar sobre las prioridades y cómo invertimos nuestro tiempo y energía. En nuestra vida diaria, a menudo estamos ocupados con muchas actividades, tareas y responsabilidades, nos preocupamos por el trabajo, la familia, las obligaciones y metas; sin embargo, también es

importante encontrar tiempo para la contemplación, la reflexión y la conexión con Dios.

A veces podemos estar tan distraídos con las tareas externas que descuidamos el crecimiento interior y nuestra relación con Dios. Jesús nos enseña que el tiempo dedicado a escuchar Su palabra y nutrir nuestra espiritualidad es valioso y enriquecedor, nos desafía a equilibrar nuestras vidas, a encontrar momentos para la acción diligente y el servicio, pero también para la quietud, la contemplación y la conexión con Dios. Encontrar ese equilibrio nos permite nutrir tanto nuestro ser exterior como nuestro ser interior, y nos ayuda a vivir de una manera más armoniosa y plena.

Cuántas veces tomamos el lugar de Marta, una mujer afanada con los quehaceres diarios, pendiente de que todo estuviera en orden y en control. Cada vez que leo esta porción de la Biblia el Señor habla a lo más profundo de mi corazón dejándome saber que al tomar el lugar de Marta me pierdo la mejor parte, que es estar a los pies del Maestro escuchando lo que tiene que hablar a mi vida.

Cuando estamos enfocados en los quehaceres diarios o en la agenda programada para el día, nos desenfocamos y pasamos desapercibido al Maestro que está delante de nosotros

esperándonos para estar con Él en intimidad, para que escuchemos Su voz, le adoremos con el corazón y le hablemos con lo más íntimo de nuestro ser. Nos enfocamos en lo que tenemos que hacer o tal vez queremos tomar el control de todo y nos perdemos de estar en la presencia del Señor escuchando su dulce voz y sus grandes enseñanzas.

Los afanes por los quehaceres diarios o por todo lo programado en el día nos llevan a un desierto muy caluroso donde en ocasiones predomina el silencio de Dios porque no lo dejamos hablar con tantas quejas de nuestras cargas y situaciones difíciles.

Te hago la siguiente pregunta para que te analices, así como lo hice yo delante de la presencia del Señor: ¿eres Marta o eres María?

Si estás actuando como Marta, afanada, cargada y cansada, hoy es un buen día para dejarlo todo e ir a los pies del Maestro que está esperando por ti para hablarte. El Señor nos invita a ser como María, que se postró a los pies del Maestro para escucharle. No te pierdas la mejor parte que es estar a los pies de Jesús.

Te aseguro que no te arrepentirás...

Mi Historia

Esta historia que deseo compartir ha tenido un significado muy profundo en mi vida. Fue un tiempo necesario en el desierto para enfrentarme a mí misma, superar algunos obstáculos, pero sobre todo para escuchar la voz de Dios. Antes de adentrarme en cómo me enfrenté a esta travesía en el desierto, permíteme contarte cómo llegué ahí.

Durante los meses de agosto a diciembre de 2022 mi vida estuvo repleta de trabajo. Impartía clases de danza en línea, debía dar reflexiones y predicar en diversos lugares incluyendo mi iglesia, afrontaba situaciones de salud en la familia y me encontraba en medio de la venta de una propiedad. Todas estas responsabilidades empezaron a pesar sobre mí, tanto física como mentalmente, por eso comencé a orar con fervor pidiéndole al Señor que cuando terminaran todos esos compromisos me permitiera un tiempo de descanso para recargar energías.

Sin embargo, a medida que los días pasaban, seguía diciendo "sí" a compromisos por el temor a decir "no", sin importarme cuán apretada estaba mi agenda. Mi agotamiento físico pronto se convirtió en agotamiento mental. No dormía lo suficiente, no me alimentaba adecuadamente y comenzaba a

experimentar ansiedad. En lo más profundo de mi ser suplicaba desesperadamente al Padre Celestial un tiempo de descanso, pero los días transcurrían y no solo le expresaba a Dios mi cansancio, sino que también empecé a quejarme ante Él por todo.

En medio de estas circunstancias me enfrentaba a la venta de una casa donde mi mamá residía. Necesitaba remodelar otra propiedad de la familia para que ella pudiera mudarse allí una vez vendida la casa, sin embargo, este proceso resultó ser todo un desafío y llevó arduo trabajo, ya que sus condiciones eran deplorables, estaba sucia y deteriorada, pero por la misericordia de Dios se logró habilitar para que mi mamá pudiera mudarse.

El 2 de diciembre de 2022 tenía programado impartir un taller a la Sociedad de Mujeres de mi iglesia sobre el tema: "Decir no al maltrato de mujeres". Ese día me desperté temprano y decidí ayudar a mi mamá a seguir limpiando la casa donde se mudaría. Aunque el día estaba nublado, no esperaba que lloviera tan de mañana. Cuando llegué a la casa bajé todas las herramientas necesarias de mi auto para limpiar el patio de la casa, pero olvidé cerrar el baúl de mi guagua (vehículo).

De repente, comenzó a llover intensamente y salí corriendo para cerrar el baúl, pero no me percaté de que no estaba lo suficientemente alejada y al cerrarlo con fuerza me

golpeé la cabeza. Caí al suelo de rodillas casi sin conocimiento, con una herida profunda de más de dos pulgadas. Mientras me recuperaba y me daba cuenta que estaba tirada en el suelo, cubierta de sangre, el miedo me invadió y me preguntaba si lo que estaba sucediendo era real o producto de mi imaginación.

En ese momento escuché una voz que me dijo: "Estoy aquí para sostenerte, no tengas miedo". Comprendí de inmediato que era la voz de Dios. Llena de gratitud, comencé a agradecerle porque siempre estaba de mi lado y a la vez le pedía perdón por ser desobediente y no tomar tiempo de descanso para recuperar las fuerzas. Hacía varias semanas el Señor estaba hablando a mi vida que era tiempo de reposar y no lo hice.

Una vez pude levantarme del suelo, busqué ayuda de mi papá y un amigo que estaban cerca y regresé a mi hogar para dirigirme al hospital acompañada de mi esposo. A pesar de haber recibido atención médica, continué trabajando ese día y en los siguientes, ni el intenso dolor de cabeza que me causaba la herida me detuvo. El incidente y la herida no fueron razones suficientes para hacerme tomar un descanso, así que continuaba en desobediencia a Dios.

Después de una semana del accidente empecé a tener problemas en la rodilla izquierda, ya no podía caminar, me

arrastraba para desplazarme de un lugar a otro. Ahí me rendí y comprendí que era necesario descansar y darme cuenta que me había encaminado hasta el desierto por mi propia voluntad, en otras palabras, esto me lo había buscado.

Cuando ya no podía caminar, comenzaron mis luchas internas, me reclamaba y cuestionaba por desobedecer la voz de Dios y no detenerme a tiempo, asumía la culpa de haberme lastimado físicamente. Estuve prácticamente el mes de diciembre tirada en un mueble en la sala de mi casa, sin poder moverme y con bolsas de hielo todo el tiempo en la rodilla. Este suceso ocurrió durante una época del año muy bonita que se pasa en familia cuando se celebra el nacimiento del niño Jesús.

Por las condiciones en que me encontraba no podía hacer nada; no podía danzar, no podía ir a la iglesia, no podía visitar a mi familia, no podía hacer absolutamente nada. Así fue como empezaron mis días en ese desierto. Me sentía sola, estaba irritada, de mal humor y con mucho miedo. Así finalicé ese año 2022, perdida en un desierto solitario y muy caluroso.

En el inicio del 2023 comencé un tratamiento para la rodilla, la lesión fue tan grave que estuve en terapia física y tomando medicamentos aproximadamente cinco meses. En ese tiempo de desierto pude encontrarme cara a cara con el Padre en

oración e intimidad con Él, hasta hice un ayuno de veintiún días y te puedo decir que ahí experimenté la Presencia de Dios de una forma poderosa y sobrenatural.

Este desierto me enseñó a encontrarme con mi verdadero ser, mi verdadero yo. Fue necesario confrontar mis emociones, sentimientos, frustraciones y miedos. Aprendí a aquietar mi mente y escuchar la voz de Dios en medio de la soledad.

Descubrí que en esos momentos solitarios Dios habló a mi vida de manera poderosa y significativa. Ya no me quejaba constantemente, pues comprendí la importancia de ser obediente a Dios y las graves consecuencias que la desobediencia puede acarrear. Este tiempo de descanso forzado sirvió para darme un respiro y tomar las cosas con calma. Entendí que no puedo lograr nada por mis propias fuerzas, sino que dependo de la fortaleza que Dios me brinda.

Aprendí a descansar en las manos de Dios y a reconocer que Él tiene el control absoluto de todas las cosas. No quiero ser como Marta, la mujer del relato bíblico de Lucas 10, sino como María, quien se sentó a los pies del Maestro para escuchar Su sabiduría a través de Su dulce voz.

No deseo volver a experimentar ese cansancio que atrofió mi espíritu, quiero actuar en obediencia a Dios y nunca soltarlo de

la mano en mi caminar. Antes veía este desierto como si fuera una cueva donde me escondía de mí misma y de Dios, pero ahora comprendo que no puedo ocultarme de Él ni siquiera debajo de una piedra gigantesca; me encontrará donde quiera que me esconda.

Han pasado varios meses desde este incidente y estoy casi completamente recuperada de mi rodilla y agradecida con Dios por su cuidado. Puedo continuar danzando y puedo certificar que salí victoriosa de ese desierto solitario y con grandes enseñanzas de parte de Dios. Me encuentro en una de las mejores temporadas de mi vida, en una tierra fresca, verde y fértil. Gracias a ese desierto silencioso he madurado espiritualmente y me encuentro más fuerte que nunca. Estoy enfocada en cumplir con el llamado de Dios.

Antes de finalizar esta historia quiero compartirte tres versículos bíblicos que hice muy míos en este tiempo de desierto. Sé que en los capítulos anteriores los menciono varias veces, solo te pido que cuando los leas, le pidas a Dios que te muestre lo que quiere hablar a tu vida por medio de ellos, así como lo hizo conmigo.

Solo me resta decir que a Dios sea toda la gloria.

"Te haré entender, y te enseñaré el camino en que debes andar; Sobre ti fijaré mis ojos."

Salmos 32:8 (RVR1960)

"He aquí que yo hago cosa nueva; pronto saldrá a luz;

¿no la conoceréis? Otra vez abriré camino en el desierto, y ríos en la soledad."

Isaías 43:19 (RVR1960)

¡No moriré, sino que he de vivir para contar lo que el Señor ha hecho!

Salmos 118:17 (DHH)

Un momento para reflexionar

¿Has estado alguna vez en un desierto en donde te has enfrentado a ti misma o a ti mismo? Escribe cómo fue esta experiencia y de qué manera lograste salir.

"He aquí que yo hago cosa nueva; pronto saldrá a luz;

¿no la conoceréis? Otra vez abriré camino en el desierto, y ríos en la soledad."

Isaías 43:19 (RVR1960)

CAPÍTULO X

No moriré en el desierto

Viviré para contar las maravillas de Dios

¡No moriré, sino que he de vivir para contar lo que el Señor ha hecho!

Salmos 118:17 (DHH)

En medio de la vastedad del desierto, donde el calor implacable consume los sueños y la sed amenaza con arrebatar la vida, surge una voz de esperanza y determinación: "No moriré en el desierto, viviré para contar las maravillas de Dios". Estas palabras, inspiradas en el Salmo 118:17 de la versión Dios Habla Hoy, nos invitan a reflexionar sobre la fortaleza de la fe y el poder transformador de Dios.

El desierto puede tomar muchas formas en nuestras vidas, una situación difícil y desafiante, una crisis emocional, la pérdida de un ser querido o una prueba personal que nos abruma. En esos momentos es fácil caer en la desesperanza y sentir que nuestra existencia se reduce a meras supervivencias, pero el Salmo 118:17 nos insta a mirar más allá de las circunstancias presentes y confiar en la provisión de Dios.

"No moriré en el desierto", estas palabras encapsulan la promesa de vida y resurrección que encontramos en la fe, nos recuerdan que, aunque enfrentemos situaciones aparentemente imposibles, no estamos solos; la presencia de Dios nos acompañará en cada paso del camino y nos sostendrá incluso cuando nuestras fuerzas flaquean. La certeza de que no moriremos en el desierto nos llena de esperanza y nos impulsa a perseverar, confiando que hay un propósito más grande en juego.

"Viviré para contar las maravillas de Dios", aquí radica la esencia de esta reflexión. Nuestra vida adquiere un significado profundo cuando reconocemos las maravillas y las bendiciones que nos rodean. Cada experiencia, tanto las alegres como las dolorosas, se convierte en una oportunidad para testificar la grandeza del Padre Celestial. Cuando superamos los obstáculos y alcanzamos la otra orilla nuestra voz se llena de gratitud y admiración, proclamando la fidelidad de Dios y su capacidad para obrar grandemente en medio de la adversidad.

Este llamado a contar las maravillas de Dios nos desafía a ser testigos vivos de Su amor y poder. Nuestra propia historia de supervivencia y transformación se convierte en un faro de esperanza para los que se encuentran en su propio desierto. Al compartir nuestras experiencias inspiramos a otros a creer en la posibilidad de la redención y a confiar en que a pesar de las circunstancias presentes hay un futuro lleno de promesas y bendiciones.

El Salmo 118:17 (DHH) nos invita a adoptar una perspectiva de fe y gratitud en medio de los desiertos de la vida. Nos recuerda que, si confiamos en Dios y nos aferramos a Su amor, no moriremos en la desesperanza, sino que viviremos para contar las maravillas de Su presencia en nuestras vidas. Que estas palabras se conviertan en un recordatorio constante de la

esperanza que tenemos en Él y nos impulsen a vivir con valentía, confianza y gratitud en cada paso del camino.

Te animo a ser de testimonio a otros del obrar poderoso de Dios en tu vida. Es importante llevar a cabo lo que nos envía el Señor a hacer a través de su Palabra en Marcos 16:15 RVR1960 que dice:

"Y les dijo: Id por todo el mundo y predicad el evangelio a toda criatura."

Mi Historia...

En esta historia quiero presentarme como me encuentro en este momento. A través de la foto que te muestro en la página anterior, quiero transmitirte que sigo de pie, gracias a la ayuda de Dios, de Su amor y Su misericordia. Hoy tengo el privilegio de contarte que he sido más que vencedora por medio de Jesucristo en cada desierto que he atravesado. Puedo afirmar con total seguridad que soy más fuerte que nunca, y que cada desierto ha fortalecido mi conexión con Dios, demostrándome que no hay nada imposible para Él.

Deseo convertirme en una inspiración de perseverancia para ti, verás que por medio de la fe y la esperanza en Dios he podido superar cada prueba que he enfrentado. Hoy, quiero decirte que Dios es mi esperanza y también la tuya. Si sientes que tu vida carece de sentido y te encuentras perdido en un desierto abrasador debido a las circunstancias que has atravesado, permíteme decirte una vez más que no morirás en ese desierto, más bien, compartirás al mundo cómo Dios te sacó de ese lugar árido y te guió hacia tierras fértiles para que florezcas en Él, tal como sucedió conmigo.

¡Ánimo! Sigue adelante y no te sueltes de la mano de Dios porque la victoria es tuya a través de Jesús. Tu historia tiene un propósito y un destino más allá de los desiertos que atravieses. Permítele a Dios llevarte hacia la tierra prometida de Su amor y gracia, donde encontrarás renovación y esperanza.

Me gustaría compartirte esta porción de la Biblia que se encuentra en Romanos 8:28-39 (RVR1960) para que puedas reflexionar en ella:

"Y sabemos que a los que aman a Dios, todas las cosas les ayudan a bien, esto es, a los que conforme a su propósito son llamados. Porque a los que antes conoció, también los predestinó para que fuesen hechos conformes a la imagen de su Hijo, para que él sea el primogénito entre muchos hermanos. Y a los que predestinó, a estos también llamó; y a los que llamó, a estos también justificó; y a los que justificó, a estos también glorificó.

¿Qué, pues, diremos a esto? Si Dios es por nosotros, ¿quién contra nosotros? El que no escatimó ni a su propio Hijo, sino que lo entregó por todos nosotros, ¿cómo no nos dará también con él todas las cosas? ¿Quién acusará a los escogidos de Dios? Dios es el que justifica. ¿Quién es el que condenará? Cristo es el que murió; más aún, el que también resucitó, el que además está a la diestra de Dios, el que también intercede por nosotros.

¿Quién nos separará del amor de Cristo? ¿Tribulación, o angustia, o persecución, o hambre, o desnudez, o peligro, o espada? Como está escrito:

Por causa de ti somos muertos todo el tiempo; Somos contados como ovejas de matadero.

Antes, en todas estas cosas somos más que vencedores por medio de aquel que nos amó. Por lo cual estoy seguro de que ni la muerte, ni la vida, ni ángeles, ni principados, ni potestades, ni lo presente, ni lo por venir, ni lo alto, ni lo profundo, ni ninguna otra cosa creada nos podrá separar del amor de Dios, que es en Cristo Jesús Señor nuestro."

Hay momentos en la vida en que tememos alejarnos del amor de Dios, te lo puedo decir por experiencia propia. Sabemos que somos humanos y en muchas ocasiones, desagradamos a Dios o pecamos contra Él, podemos sentirnos indignos y pensar que hemos perdido nuestro valor debido a las fallas, o que Él estará perpetuamente enojado con nosotros. Sin embargo, permíteme decirte que eso es una mentira que el enemigo ha sembrado en tu mente, ya que su único objetivo es destruirte y alejarte del amor y el perdón de tu Padre Celestial.

Quiero recordarte que Dios te ama incondicionalmente y está dispuesto a perdonarte cada vez que reconozcas tus faltas y

te acerques a Él en arrepentimiento. No importa cuántas veces hayas fallado, Su amor y gracia son mayores que cualquier error o pecado que hayas cometido, no dejes que las mentiras del enemigo te alejen de la reconciliación y el perdón que Dios te ofrece.

Confía en el amor y la misericordia de tu Padre Celestial quien está esperando con sus brazos abiertos para perdonarte, restaurarte y renovar tu relación con Él. No permitas que las dudas y la culpa te aparten de la maravillosa oportunidad de experimentar el perdón y la paz que solo Dios puede brindarte. Reconoce tus fallas, acércate a Él y recibe Su perdón, porque en Su amor eterno siempre hay espacio para la reconciliación y la restauración.

También es común que cuando enfrentamos situaciones desagradables o problemas, lleguemos a creer que el Señor no nos va a responder y nos observa desde lejos. Te aseguro, esa es otra mentira que el enemigo ha intentado sembrar en nuestras mentes porque en momentos de dificultad aprovecha para susurrarnos pensamientos negativos, como que Dios no vendrá en nuestra ayuda, que nos ha olvidado, que no le importamos, que hemos fallado y que nos dará la espalda.

Estos pensamientos pueden afectarnos de manera significativa si no nos aferramos firmemente a la roca que es Cristo y si no nos fortalecemos en el Señor. El enemigo conoce nuestras debilidades y las explota al máximo; si permitimos que la duda y la desesperanza nos dominen, nos convertiremos en presas fáciles de sus engaños.

Debemos recordar que Dios es fiel y siempre está cerca de nosotros, nos conoce mejor que nadie y es capaz de intervenir en nuestras circunstancias más difíciles. Aunque no siempre entendamos Sus planes o no veamos inmediatamente Su respuesta, podemos confiar en que está obrando en nuestras vidas de maneras sobrenaturales. No permitas que los pensamientos negativos te aparten de la verdad y del amor de Dios.

Fortalécete en el Señor, afirma tu fe en Su poder y amor constantes. No dejes que las mentiras del enemigo te roben la esperanza y la confianza en el Dios que tiene el control absoluto de todas las cosas. Recuerda que aunque enfrentes desafíos, Dios está contigo, te ama incondicionalmente y siempre está dispuesto a responderte. Confía en Su fidelidad y no te rindas, porque en Él encontrarás la fortaleza para superar cualquier obstáculo.

En este día te invito, estimado lector, a acercarte confiadamente al Dios de amor y perdón. Él te espera con anhelo, con Sus brazos abiertos, para demostrarte cuánto te ama, sin importar el desierto que puedas estar atravesando. Recuerda siempre que nada ni nadie puede separarnos de Su amor, pues somos Sus hijos y Él es nuestro Padre eterno.

En medio de las dificultades y pruebas de la vida, es importante recordar que Dios está siempre dispuesto a recibirnos, a perdonarnos y a renovar nuestra relación con Él. No importa qué errores hayas cometido o cuán lejos creas estar, Dios nunca deja de amarte y desear tu cercanía, Su amor es incondicional y Su perdón infinito.

Así que no importa cuál sea tu situación actual, te animo a que te acerques a Dios con confianza y humildad, Él está listo para escuchar tus oraciones, sanar tus heridas y restaurar tu vida. No olvides que eres amado más allá de cualquier circunstancia y que siempre tienes un lugar seguro en los brazos de tu Padre Celestial.

Que en este día encuentres consuelo, paz y renovación en la presencia amorosa de Dios. Confía en Su amor y en Su fidelidad, y permítele guiarte en cada paso de tu camino.

¡Que el amor y la gracia de Dios te acompañen siempre!

Eres victorioso(a) en Jesús...

Un momento para reflexionar

Tómate una foto y pégala en este espacio para que puedas siempre recordar que sigues vivo(a) para contar las maravillas de Dios en tu vida. No olvides que a través de tu testimonio otros pueden llegar a los pies del Maestro para encontrar amor, fe y esperanza.

"Tres cosas hay que son permanentes:

la fe, la esperanza y el amor; pero la más importante de las tres es el amor."

1Corintios 13:13 (DHH)

Epílogo

La esperanza en el desierto

A lo largo de las páginas de este libro he compartido mi travesía de esperanza y fe desde la sequedad y la desolación hasta el descubrimiento de la presencia viva y transformadora de Dios en medio de las pruebas más difíciles.

En cada capítulo he narrado las luchas, los momentos de angustia y las victorias que he experimentado en estos desiertos personales. He sido testigo de la fidelidad de Dios, de Su gracia abundante que me ha sostenido cuando pensé que no podía continuar. He descubierto que en la aridez Dios es capaz de hacer brotar manantiales de vida y bendición.

Recuerdo las palabras de Salmos 63:1-3 (RV1960) que me han dado fuerzas en este viaje:

"Dios, Dios mío, eres tú; de madrugada te buscaré; Mi alma tiene sed de ti, mi carne te anhela, en tierra seca y árida donde no hay aguas, para ver tu poder y tu gloria, así como te he mirado en el santuario. Porque mejor es tu misericordia que la vida; mis labios te alabarán."

Mi mayor anhelo es que estas palabras te hayan inspirado y recordado que no estás solo en tus propios desiertos. Que, en medio de la soledad, el dolor y las dudas, hay un Dios amoroso que camina contigo y tiene un propósito para tu vida. En tus momentos de oscuridad, te animo a aferrarte a la promesa de Isaías 43:19 RV1960, donde Dios declara:

"He aquí, yo hago cosa nueva; pronto saldrá a luz;

¿no la conoceréis? Otra vez abriré camino en el desierto, y ríos en la soledad."

Permítele a Dios abrir un nuevo camino en tu vida, confía en Su poder para transformar tu desierto en tierra fértil. Anhelo que mi testimonio sea un recordatorio de que, a pesar de las circunstancias aparentemente desfavorables, Dios puede obrar maravillas en tu vida. No temas enfrentar tus desiertos, porque en ellos encontrarás oportunidades de crecimiento, sanidad y descubrimiento del propósito de Dios.

Con gratitud en mi corazón, cierro este libro sabiendo que mi historia es solo una parte del inmenso lienzo de las maravillas de Dios. Te invito a que al culminar estas páginas te abras a la obra milagrosa de Dios en tu propia vida y que vivas para contar tus propias experiencias de fe.

Deseo que el título de este libro, "Una travesía de fe por el desierto", sea una invitación para que cada día te levantes con la certeza de que tu historia tiene un propósito eterno.

Me despido momentáneamente, pero mi bolígrafo y mi libreta seguirán dispuestos a narrar las travesías que experimentaré con el pasar del tiempo en esta tierra árida y desafiante.

Que la paz y la gracia de nuestro Señor Jesucristo te acompañen en tu propio viaje, y que siempre encuentres la fuerza para vivir y contar las maravillas de Dios en tu vida. Como dice Filipenses 4:13 (RV1960):

"Todo lo puedo en Cristo que me fortalece."

Made in the USA
Middletown, DE
29 October 2023